从零开始
学演讲

李博恩◎编著

中国纺织出版社

内 容 提 要

你是否意识到自己因口才沟通能力严重不足而畏惧当众讲话；因不善言辞而错失爱情；因沉默寡言而遭遇职场瓶颈？若答案是肯定的，那么，从零开始学演讲吧！

本书会从演讲的多个方面入手，诸如听众、素质、声音、故事、演讲辅助工具等，教你从零基础开始学演讲，助你打开演讲大门，最终具备超级演说能力。

图书在版编目（CIP）数据

从零开始学演讲 / 李博恩编著.--北京：中国纺织出版社，2017.12
ISBN 978-7-5180-4228-9

Ⅰ.①从… Ⅱ.①李… Ⅲ.①演讲—语言艺术 Ⅳ.①H019

中国版本图书馆CIP数据核字（2017）第265119号

责任编辑：闫 星　　特约编辑：李 杨　　责任印制：储志伟

中国纺织出版社出版发行
地址：北京市朝阳区百子湾东里A407号楼　邮政编码：100124
销售电话：010—67004422　传真：010—87155801
http://www.c-textilep.com
E-mail：faxing@c-textilep.com
中国纺织出版社天猫旗舰店
官方微博http://weibo.com/2119887771
三河市宏盛印务有限公司印刷　各地新华书店经销
2017年12月第1版第1次印刷
开本：710×1000　1/16　印张：14
字数：184千字　定价：36.80元

凡购本书，如有缺页、倒页、脱页，由本社图书营销中心调换

前言

纵观古今中外，演讲与口才能改变历史、改变命运的例子可谓不胜枚举。刘邦三句精言遂定大汉帝国，诸葛亮舌战群儒始有三分天下，美国前总统奥巴马通过演讲成为美国历史上第一位黑人总统。马云、俞敏洪、史玉柱，这些著名企业家没有一个不是演讲大师，他们凭借三寸不烂之舌，带领团队铸就了商界神话。

你曾经多少次因词不达意而与工作失之交臂？多少次因在公共场合讲话不得体而懊恼？多少次因上台紧张导致演讲仓皇失败？多少次面对下属因口齿不清而失去威严？多少次面对上司因讲话紧张而晋升无望？多少次独自一个人躲在角落里？多少次因对爱人嘴笨舌拙而影响彼此感情？

著名作家茅盾、数学家陈景润在文学和数学领域各有卓越贡献，可惜口头表达能力较差，这在某种程度上影响了他们的贡献。若一个人思想精深，学识渊博，却茶壶煮饺子"道"不出来，那是非常遗憾的。即便你工作能力很强，满腹经纶，但若不懂演讲，不懂沟通，不善于表达，那也难以得到同学、老师、同事、领导、下属的认可和青睐。演讲，是一个人表达自己，展现自身价值的一种重要手段，是使自身能力得以彰显的一种最佳途径。

当然，演讲家并非天生的，而是后天实践造就的，是通过多方面的艰苦努力才获得成功的。成功的演讲家在台上口若悬河、滔滔不绝地讲话的时候，我们只能由衷地赞叹，不管是悦耳的声音、和谐的语调，还是优美的态势语言，都是台上一分钟，台下十年功的努力换来的。从零开始学演讲，不仅需要学习知识，锻炼观察力、思维力、判断力、应变能力、记忆力，还需要学习如何讲故事、如何表达态势语言、如何使用辅助工具等，更需要刻苦的磨炼。

编著者
2017 年 6 月

目录

第 01 章　演讲——非凡人生的钥匙　→　001

　　人生处处需要演讲　→　002
　　演讲，从当众讲话开始　→　004
　　敢于当众讲话是成功的第一步　→　007
　　成功演讲铸就领导魅力　→　009

第 02 章　素质——克服内心的胆怯　→　013

　　克服胆怯是演讲第一关卡　→　014
　　练好演讲，唯有实践　→　016
　　掌握演讲技巧，讲话更出彩　→　019
　　如何调节"怯场"心理　→　021

第 03 章　心理——走进听众的心里　→　025

　　听众是唯一的主角　→　026
　　深入浅出，一讲到位　→　028
　　观察听众反应，及时作出调整　→　031
　　真诚比任何技巧都重要　→　034

第 04 章　材料——肚子里要有货　→　037

风趣的语言源于深厚的底蕴　→　038

多积累小故事，填充演讲内容　→　040

关注时事热点，演讲也要与时俱进　→　043

让电视节目中的内容成为演讲素材　→　045

第 05 章　讲稿——会写才会讲　→　049

讲话稿是初学演讲的必备品　→　050

有备无患，收集演讲材料　→　052

好的演讲稿是改出来的　→　056

反复预讲，作脱稿演练　→　059

第 06 章　准备——凡事预则立　→　063

选择合适自己的演讲方式　→　064

作好第一次公开讲话　→　066

脑中闪现"演讲结构图"　→　068

技巧记忆，实现脱稿演讲　→　071

第 07 章　开场——拒绝平庸求创新　→　075

开场白是演讲成功的一半　→　076

精彩的开场可以营造热烈氛围　→　079

开门见山，及时抓住听众的兴致　→　082

悬念式开场，激发听众的好奇心　→　085

以事实为开场白，深入人心　→　089

第 08 章　生动——提升讲话魅力　→　093

富于幽默，言语风趣　→　094

善于引用，增强感染力　→　097

妙语双关，言有意指　→　100

善用比喻，一语胜千言　→　102

适度夸张，表现张力　→　104

第 09 章　声音——说话优雅动听　→　107

科学发声练习，让声音底气十足　→　108

腹式呼吸，让声音更洪亮　→　110

抑扬顿挫，让演讲更有层次感　→　112

注意停顿，语言过渡自然　→　114

修正音色，使声音趋于平稳　→　117

第 10 章　态势——无声胜有声　→　119

站有站相，展现最佳形象　→　120

手势得体，让演讲更有说服力　→　122

双目有神，准确表情达意　→　125

神采奕奕，将自己融入演讲情境中　→　127

从零开始学演讲

第11章 控场——营造和谐氛围 → 131

演讲技巧，掌握时间 → 132

观察听众神色，注意掌控演讲节奏 → 135

遭遇冷场，妙语扭转局面 → 137

合乎口语，令听众过耳不忘 → 139

第12章 互动——制造共鸣 → 143

调动听众情绪，营造气氛 → 144

讲话热烈，吸引听众参与 → 146

设问与反问，感染听众 → 148

气势恢宏，极富号召力 → 150

第13章 故事——打动人心的秘密 → 155

精彩的演讲，需要故事 → 156

诙谐故事，别有风趣 → 158

叩击心扉，引人入胜的故事 → 161

把控故事爆点，吸引听众注意力 → 164

第14章 结尾——帷幕是点睛之笔 → 167

结尾有力度，让听众回味无穷 → 168

首尾呼应，深化演讲主题 → 171

画龙点睛，点醒台下听众　→　174

热情洋溢的结尾，博得满堂彩　→　177

第 15 章　辅助——绿叶扶红花　→　181

演讲是一场脱口秀　→　182

着装打扮，为演讲加分　→　185

微笑，让听众感到舒心　→　187

练习，演讲技巧练出来　→　190

第 16 章　常见演讲类型　→　193

致欢迎词　→　194

致欢送词　→　196

竞聘演说　→　198

获奖致辞　→　202

举例范文　→　203

节日致辞　→　204

开幕致辞　→　207

答谢致辞　→　209

酒会致辞　→　211

参考文献　→　214

第 01 章
演讲——非凡人生的钥匙

演讲有着非凡的人生意义，一个人再有能力也是需要靠"说"出来的，而良好的职场生涯也是从当众演讲开始的。毋庸置疑，演讲可以更好地反映一个人的综合素质，它更是体现个人魅力的一种最佳方式。

人生处处需要演讲

众所周知，演讲无非就是在公开场合说话，如此简单而又极为普遍的一件事情，怎么会有非凡的人生意义呢？演讲，首先意味着你把自己的形象完全地展现在公众面前，它就好像是一个人综合素质的一面镜子，也好似衡量一个人能力以及水平的一把尺子。在现实生活中，尤其是对于领导者来说，如果演讲能够说得生动精彩，引人入胜，打动人心，无疑会给听众留下难以忘怀的印象，甚至可以为领导者塑造良好的领导形象，使自己的威信得到提高，使自己的权威得到稳固。

或许有的人会说：我既不是领导，也不是教师，我只是一个再普通不过的职员而已，当众演讲对我不存在任何意义。可是，真的是这样吗？演讲往往是伴随着一个人的职业发展悄悄地来到他的面前，如果要列出需要"演讲"的职业，那么，你或许马上就会脱口而出："校长、主持人、老师、律师、明星、运动员……"可能，你所能想到的还会有许多。足以见得，演讲已经成为了我们人生中的一部分，对此，套用英国前首相丘吉尔一句经典的话："你能对着多少人当众讲话，你的人生将会有多精彩。"

有人说："成功的演讲成就了马云，成就了阿里巴巴。阿里巴巴的成功史，正是马云的当众说话史。"如果你对此还有什么疑惑，那么，当你熟悉了马云的经历后，你将会知道，真实情况确实如此。

第 01 章
演讲——非凡人生的钥匙

早在 1995 年，马云就意识到互联网是一座等待挖掘的金矿，他只有一个疯狂的念头：做互联网。在遭到所有朋友反对的情况下，马云只找到了一个搭档，算上自己的妻子，3 人凑足了 2 万元启动资金，创建自己的第一家互联网公司。刚开始生意很困难，于是，马云开始了自己的"演讲"生涯。在杭州的各个街头，他不得不站在那些大排档边上，口沫乱飞地讲述自己的梦想，过路的人都认为他是一个骗子。但是，马云无暇去注意别人对自己的称谓，而是不屈不挠地讲自己的互联网梦想。慢慢地，他的业务开始艰难地发展起来，马云越讲越有名，他所做的"中国黄页"也越做越大。

就这样，在 1999 年 4 月 15 日，阿里巴巴上线，很快在商业圈里声名鹊起，马云开始在世界各地讲述互联网的梦想。

自始至终，马云一直当众讲述着自己的梦想，从杭州街头的大排档到整个世界，他所创造的就是"演讲"的历史。如果更多的企业，如果企业中更多的员工，特别是领导人，也能具备这样一种"演讲"的影响力，那么将会对企业的发展起到什么样的推进作用呢？这里，马云的经历已经作了最好的说明。

一位女士作了这样的自述：

我学的是幼儿师范，毕业之后分配在一家幼儿园做幼儿教师工作。因为工作出色，5 年之后，单位提升我为教务主任。结果，我一上任就遇到了一个大难题：需要经常给老师们开会，但我一当众说话就特别紧张，一年之后还是如此，开会前总是睡不好觉，吃不好饭，心神不宁，真是痛苦不堪，最后我选择了辞职，只为了能够解脱。

案例中的女士，仅仅因为需要演讲，就觉得自己的人生充满了苦恼。可见，演讲确实给我们的人生带来了一些与众不同的东西，对于人生有着非比寻常的意义。

1. 演讲为人生的交际增添了色彩

21 世纪是信息的时代，竞争异常激烈，机遇和风险并存。实力当然必不可少，但交际也有着同等重要的作用。人生中的交际离不开演讲与口才，特别是当众说话能力，这是获得社会认同、上司赏识、下属拥戴、同事喜欢、朋友信赖的必要条件。正如我们所见，演讲给人生交际增添了如此多的色彩。

2. 演讲为人生的事业构建桥梁

美国前总统尼克松曾经说过："凡是我所认识的重要领袖人物，几乎全都掌握一种正在失传的艺术，就是特别擅长与人作面对面地交谈……一位领导人如果不能在交谈时吸引人、打动人，那么，他大概也说服不了人，因此也未必能成为领导人……"可以说，演讲无疑为领导者的事业构建了桥梁。既然演讲对领导者会有如此大的作用，那么对于一个普通人来说，所产生的在事业上的作用将会更大，诸如升职、加薪都将能够通过当众说话得到实现。

小贴士

对于一个普通人来说，演讲讲得好，无疑会为你赢得良好的形象效应，自然而然地，你将会成为人们欢迎的对象，如此一来，你离工作、爱情、理想还会远吗？显而易见，演讲能够给每一个人都带来巨大的影响，因此可以说，演讲能为我们的人生增添非比寻常的意义。

演讲，从当众讲话开始

许多人可能都不知道这样一个秘密：当众说话可以成为幸福生命的密钥。有人会问：说话怎么可能为我们的生活带来幸福呢？在现实生活中，许多人是人前话很少，人后却是喋喋不休，他们对着天花板抱怨、对着窗户咒骂，内心所受的委屈以及伤痛瞬间涌现了出来，人们通常把这样的心情叫作"憋屈"。

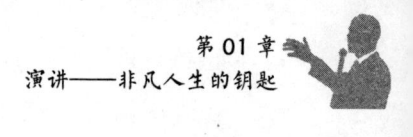

因为在大庭广众之下不敢说、不愿说，结果，自己受到的不公平待遇只能是"哑巴吃黄连——有苦说不出"。这些不敢当众说话的人，往往在生活中也总是感觉到自己十分不幸。

美国医药学会前会长大卫·奥门博士曾说过："尽量培养出一种能力，使别人能够了解你的思想和感觉。学习在个人面前、团体面前、大众面前清晰地表达自己的思想和观念。在你通过不断努力而获得进步的时候，你便会发现：你——真正的你，正在人们心目中塑造一种前所未有的印象，产生前所未有的冲击。从这份处方中，你还会得到另外的好处。"

当众说话，对人的情绪是有一定影响的，心中想什么，就应该大胆地说出来，如此才不会造成内心的压抑和憋屈。话说完了，心中的怨气也没有了，如此一来，你还会感觉到自己是不幸的吗？因此，我们可以说：幸福生命的密钥就是当众说话。

李女士是出了名的"撒气儿夫人"，她就职于一家大公司，并担任了办公室主任。在工作过程中，最让李女士头疼的就是处理纷繁复杂的人际关系，由于她不擅长当众讲话，笨嘴拙舌，她总是将公司里发生的那些不顺利的事情憋屈在心里，时间长了，她就养成了"上班受气，回家撒气"的习惯。备受其害的无奈的家人，送了一个"撒气儿夫人"的绰号给她。渐渐地，她与家人的关系越来越糟糕。

李女士经常抱怨："我觉得自己就是最不幸的人，在公司，要无端端地受别人的气，自己却大气不敢出；回到家，本想撒撒气儿，可家里人也不理解、包容，我真是有苦无处说啊！"面对李女士的个例，心理医生表示说："其实，心中有委屈就是要一吐为快，学会了当众讲话，你的心情舒畅起来，工作也会顺心不少，家庭也会和睦起来，如此一来，那些所谓的不幸将会成为一种幸运。"

在生活中，诸如李女士的案例比比皆是，对此，心理学家指出："假如一个人很有主见，当自己受委屈的时候，会在第一时间表明自己的态度，就不会在心中郁积很多的愤怒。"然而，对于大多数中国人来说，他们习惯了忍气吞声，不愿意当众说出来，结果反而给自己内心积压了更多的压力和不满。因此，如果你就是李女士的影子，那么，请大声发表自己的意见与观点，说出来，你的心里将会舒畅很多。当众说话，确实是你开启幸福生活的钥匙。

卡耐基先生说："当众讲话是培养一个人自信和勇气的最佳方式。"当一个人除去当众讲话的恐惧之后，也会克服对自己、对别人以及对生活本身的恐惧。

"学会公开讲话，会增强你的自信心，会使你整个人的性格越来越温和，越来越美好。这将意味着你的情绪已渐入佳境。"这是奥门博士曾经开过的一个药方，当时，他还说了这样一句话："在药房里抓不到，每个人得自己配，你要认为自己不行，那就错了。"假如你觉得你的生命遭遇了不幸，或是升职无望，或是求职失败，或是向异性表白遭遇了拒绝等，我相信，大卫·奥门博士所开出的药方——当众说话，是十分适合你的。如果你能够真正地学会当众说话，那么你会发现，幸福的生活正在向你挥手呢！

1. 增强自信

大多数人都有这样的体会：你站在许多人面前说话，说得听众频频点头，大家的目光都在赞许你，还有人在本子上记下要点；在说话结束时听众对你抱以热烈的掌声，在散场时有人让你签名，有人会找你请教问题——此时，你会对自己产生新的价值认定，心中的自卑感会一扫而光，自信心将得到最好的养分。

2. 有话大声讲出来

对于那些总是憋屈地生活着的人来说，当众说话将会为你减少内心郁积的怨气。在心理治疗术里有一种治疗方法叫作空椅子，就是告诉我们缓解压力的根本办法就是接纳自己、大胆表达自己的意见。因此，对于自己所受的委屈以及压力，我们应该真实地通过当众说话反映出来，如此，你才能感受到生命带来的乐趣。

小贴士

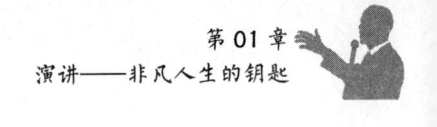

在生活中，许多人之所以会感觉到自己是不幸的，大多是因为内心自卑、缺乏勇气。而综合起来，就是不敢或不愿意当众说话，因此，才会把自己推至到不幸的境地。当众说话可以为我们的生活带来很多新的改变，不管是情绪上的改变，还是心理的改变，这些改变都是很有必要的。

敢于当众讲话是成功的第一步

英国前首相丘吉尔曾说过一句经典的话："你能对着多少人当众讲话，你的事业就会有多大。"事实确实是这样，在职场中，有许多场合都需要当众讲话，比如求职面试、竞聘职位、总结报告、发表意见、主持活动、会议发言、接受采访等。毋庸置疑，当众讲话是一个人在职场中必备的基本技能，也是管理者管理人才的必要工具。在更多的时候，当众讲话将为你赢得事业成功。

在事业发展的路途中，我们所需要经过的过程大多是这样：最开始只听上司讲话，慢慢地你开始对一两个下属说话，逐渐地，你讲话的对象越来越多，直至你做到了公司老总的时候，那时候你所面对的将是全体员工。

那些工作中言语不多的人，他们即便具备卓越的工作能力，他们的事业也已经局限在他所坐的位置上了，敢于当众讲话是事业成功的秘诀。在工作中，遇到与同事意见分歧的时候，需要大胆讲出来，因为，你讲出来，或许会有万分之一的机会会成功，但你不讲，就连这细小的机会都没有了；在想到了很好的提议的时候，哪怕会议室里人山人海，你也需要大胆地讲出来，证明自己的能力；在面对消费者的时候，更是需要将当众讲话发挥得淋漓尽致。多少事业成功的人都是这样一步步走过来的，如果说他们有什么与别人不一样的地方，我想其中应该有这样一点：敢于当众讲话。

马先生在上个星期晋升为总经理，尽管马先生的工作能力是大家有目共睹的，但是他身上最大的一个缺点就是：惧怕当众讲话。这个毛病在他上学时就有了，那时他不能在课堂上作报告，每当学校有口试他就会两腿发软。甚至，在他结婚的那一天，幸亏上天照应，他得了重感冒，嗓子不能发出声音，才躲过了那天的当众讲话。

现在，马先生正愁眉苦脸地坐在办公室，很快自己就要在公司评议大会上作报告了，这是自己担任新职位以来第一次公开讲话，公司高层领导对此极其重视，希望他能通过这次讲话奠定好自己未来的事业基础。但是，对于马先生来讲，当确定了正确日期的时候，自己就再也没有睡过一天安稳觉，他甚至冒出了一个荒唐的念头：想请病假来逃过那难熬的两个小时。

当然，这个荒谬的念头并没有实现，马先生还是一如既往地来到了会场。虽然，之前默念了无数遍演讲稿，但真正到了高高的讲台，马先生突然得了健忘症，他一边不断地抹着额头上沁出的汗水，一边吞吞吐吐地讲道："今天……谢谢大家……我需要说的是……"在整个讲话过程中，马先生停顿了无数次，才勉强讲完，当然，他为此花掉了超出预算一倍之多的时间。

会议结束之后，上级领导对马先生说："现在将手上的全部工作放一放，你去上口才培训班锻炼锻炼，希望你能有所收获，等到下次会议的时候，我希望能看见一个崭新的面貌。如果你还是不能做好，那么，我想有必要考虑你是否合适这个职位。"

对马先生在会议上的表现，法国心理学家克里斯多夫·安德烈说道："如此的行为很普遍，很多人害怕丢脸、害怕当众讲话，就好像他们害怕蛇虫一样。有一半以上的人害怕这种当众讲话的场合，而有大概三分之一的人放弃过当众讲话的机会。"就好像马先生一样，虽然他拥有优秀的工作能力，但是成为了

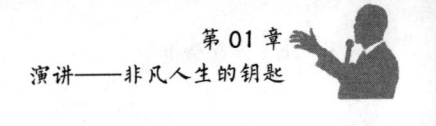

一名管理者以及领导者后，他所需要的就是当众讲话的能力。如若不然，他的事业只能止步不前，甚至退回原点。

1. 讲话也是一种能力

其实，讲话本身就是一种能力，那些站在路边小摊上吆喝的老板，有的人一个月的收入远远超过白领阶层。这是为什么呢？简单来说，就是有的人靠技能挣钱，有人靠下苦力挣钱，而他们则是靠一张嘴吃饭。许多各行业最优秀的推销员，无不是当众说话的卓越者。因此，在学习当众说话的时候，我们不仅需要把它当成是事业成功的砝码，更需要将它当成是一种特殊的能力。

2. 讲话为事业发展增加了更多的机会

可能，你本来只是擅长在车间里埋头苦干，如此一来，你只能成为一名普通的职员。但是，假如你更擅长当众讲话，那么你去销售部也是非常适合的，或者以后成功一名优秀的管理者也是可以的。敢于当众讲话，无疑为我们的事业发展增加了更多的机会。

小贴士

学习当众讲话，这其实是一个过程，你最开始在大街上当众讲话，后来发展到全国，甚至全世界。当然，在这个过程中，你已经成就了自我。你可以当着多少人讲话，你的事业就会有多大。

成功演讲铸就领导魅力

著名领导力大师沃伦·本尼斯曾说："领导者与常人的区别在于，领导者能够把握说话的技巧，清楚明白地表达人类共同的梦想。"演讲是领导艺术的

重要组成部分，在中外历史中，那些一些业绩卓著的领导者，他们无一不是演讲的高手。他们的号召力、影响力、煽动力以及组织能力之所以能打动人心，在很大程度上是得益于他们演讲的艺术以及水平。

一个领导者每天必须出入各种公开场合，用得体的语言进行谈判、演讲、激励员工、部署工作等，这些无一例外都是在进行演讲。而在讲话的过程中，领导的魅力将展露无遗，我们可以说，演讲铸就领导的魅力。

领导者的魅力取决于什么？一个领导者演讲能否讲出水平、达到预期效果，除了他所具备的讲话能力之外，还有一个重要的因素就是其语言魅力。因此，语言魅力决定着讲话者的魅力，而有效展现语言水平的演讲则铸就了领导者的魅力。一个领导者大部分时间都是在演讲，他所具备的才能、知识、素养等都是通过演讲而逐一展现的，而那些就是领导者自身的魅力。

英国前首相撒切尔夫人在自己上任后的第一次讲话里说道："我是继伟人之后担任保守党领袖的。这使我觉得自己很渺小。在我之前的领袖，都是赫赫有名的伟人。如：我们的领袖温斯顿·丘吉尔把英国的名字推上了自由世界历史的顶峰；安东尼·伊登为我们确立了可以建立起极大财富和民主的目标；哈罗德·麦克米伦使很多凌云壮志变成了每个公民伸手可及的现实；亚历克·道格拉斯·霍姆赢得了我们大家的爱戴和敬佩；爱德华·希思成功地为我们赢得了 1970 年大选的胜利，并于 1973 年英明地使我们加入了欧洲经济共同体。"

1979 年，撒切尔夫人在大选中获胜，她说道："不论大家在大选中投了谁的票，我都要向全体英国人民呼吁：现在大选已过，希望我们携手前进，齐心协力，为我们所自豪的国家的强大而奋斗。我们面前有很多事情等着我们去做，让我们一起奋斗吧！"

1987 年，撒切尔夫人第三次连任，她讲了这样一段话："我们有权利也有义务提醒整个自由世界注意，英国再次信心百倍、力量强大和深受信任。我们信心百倍，是因为人们的态度已经发生了变化；我们的力量强大，是因为我们

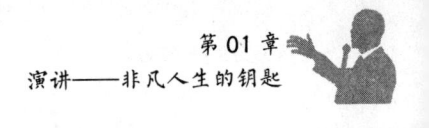

的经济欣欣向荣，富有竞争力，而且在不断强大；我们深受信任，是因为世人知道我们是一个强大的盟友和忠实的朋友。"

撒切尔夫人最大的魅力在于威信，她是二十世纪后期世界上最具魅力的政治人物之一，而她那卓越的演讲的口才，更为其展现了非凡的魅力。如果说威信是她的魅力，那在这次演讲中，她的魅力得到了最大限度的展现。第一段话里，撒切尔夫人列举了现代史上英国历代首相的功绩，以此来表明自己的任重道远；第二段话里，她以富有感情的语言拉近了与广大人民群众的距离，增强了她在英国人民心中的影响；第三段话里，以豪放的语言表现自己的信心和王者之气，进一步提高了她在人民中的威信。

领导者是如何通过演讲展现自己魅力的呢？

1. 展现语言魅力

许多领导讲话不注重语言魅力，只注重形式主义。他们在讲话的时候，枯燥无味，让下面的人听起来很煎熬，甚至有人为了躲避听领导讲话，请假、会上打瞌睡、玩手机游戏、频频借故出入会场。这就从根本上体现了一个领导的语言魅力，而他的语言魅力会直接影响他的领导魅力。

如果一个领导在台上讲话滔滔不绝，下面的听众却自己做自己的事情，置若罔闻，那就表示他没有足够的领导魅力，而这正是由于领导的语言枯燥，因此不具备语言魅力。

2. 展现个人魅力

当领导者站立在台上，他的衣着打扮、礼仪、说话、体态姿势都将全部展现出来，那是没有办法隐藏的。这时候领导者所展现的就是个人的魅力，或风度翩翩，或龇牙咧嘴，或不苟言笑等。与其说演讲铸就了领导者的魅力，还不如说领导者的魅力是通过演讲而得到展现的。

小贴士

　　一个领导者是否有魅力，在某种程度上取决于其演讲的能力。演讲水平比较高，那意味着领导者有着非凡的魅力；如果他在演讲时，听众根本不听，甚至昏昏欲睡，那只能证明领导者本身缺乏魅力。

第 02 章
素质——克服内心的胆怯

肯尼迪说："思维能力就像是一架装备精良的仪器，它控制着你的语言逻辑。"其实，演讲是一种心理活动，表达效果的好坏，与演讲者的心理素质有着很大的关系。心理素质的演讲者过硬，不仅演讲很轻松，而且能达到预期的效果。

克服胆怯是演讲第一关卡

造成演讲不能顺利进行的最大障碍是什么？胆怯，这是大多数人面对听众时首先遇到的最大障碍。在现实生活中，我们无法避免的事情就是每天与各式各样的人打交道。确实，社交是展现一个人风采的重要场所，你可能会与重要人物交谈，当众表达你的观点，甚至还会出现在酒会、晚宴、谈判等场合。因为胆怯，人们总是选择退却，即便是鼓起勇气去了，也因表现失态，把整个场面搞得更尴尬。当再次需要讲话时，他们又开始胆怯、心慌、全身发抖，时间长了，胆怯在一次次窘态中越来越嚣张，以至于他们几乎抛弃所有的自信和勇气。

某一年在纽约举办了一个世界演讲学大会，在这个大会上有许多演讲学的教授需要当众发表自己的论文。当时，有一位教授担心自己的形象得不到大家的认可，他越想越恐惧，结果上台没说几句话就晕倒在地了。本来在他后面一个发言的教授还在不断地练习演讲，一看前面的教授晕倒了，他心里感到一阵恐惧，额头上冒出大量的汗珠，不知不觉中，他也在台下晕过去了。

在世界演讲学大会上出现了两位教授因胆怯而晕倒的情况，这确实是一件有趣的事情。其实，胆怯是每个人都具备的一种心理素质，只是程度不同而已。不仅是我们这样的普通人才畏惧演讲，就连许多所谓的大人物也是如此。明白了这个道理，相信对我们克服内心的胆怯是很有帮助的。

第 02 章
素质——克服内心的胆怯

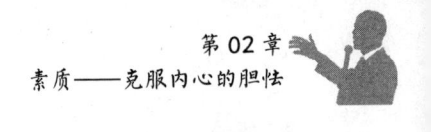

一位实习老师第一次走上讲台，当学生起立的时候，师生之间互相问候，这位刚刚踏出学校大门的小伙子竟不知道该说些什么，之前准备的开场白不知道跑哪里去了。心慌之余，他红着脸，用颤抖的声音说了句："老师，您好！"同学们面面相觑，继而哄堂大笑，而那位实习老师则是不知所措，低着头站在讲台上。

他努力想让自己镇静下来，但越是这样，他越是忍不住心虚害怕。当他下意识地掏出手帕想擦掉额头上的汗珠时，课堂再一次沸腾了。小伙子心里纳闷了，后来经过同学们的暗示，他才发现自己手里拿的不是什么手帕，竟然是一只袜子。他更恐惧了，心想可能是昨晚洗脚时无意中将袜子塞进了衣兜里。

整个教室快闹翻了天，他窘得无法自控，只好跑下了讲台，慌乱之中踩空了台阶，差点摔个四脚朝天，幸亏他眼疾手快扶住讲台，才没有摔倒。

这位才出学校的小伙子无法克服内心的胆怯，因此第一次登台就窘态百出，无疑，克服胆怯是当众说话的第一关卡。其实，有许多所谓的大人物在最初演讲都是不怎么样的，但最终他们都无一例外地成了演讲高手。

克服胆怯是演讲的第一关卡，对此我们应该想方设法克服内心的恐惧，勇敢地跨出演讲第一步。

1. 心中有听众，眼里无听众

有一位老师初次登台讲课就很不错，有人问他秘诀，他说："我在备课时心中一直想着学生，可上了讲台，我眼中所见，就只有桌椅而已，这样我就不怯场了。"当众说话有一个秘诀叫作"视而不见"，也就是在说话前心中有听众，在讲话时眼里不能有听众，而是按照自己的意图去进行语言表达，对下面的听众视而不见，这样能消除你内心的恐惧感和紧张感。

2. 保持好状态

任何一个初次演讲的人都会有些胆怯，既然避免不了当众说话的环节，为

什么还要为此感到害怕呢？美国前总统罗斯福说过："每一个新手，常常都有一种心慌病。"其实，心慌并不是胆小，而是一种过度紧张造成的自我防御的本能反应。任何人都不是天生敢在公众场合自如说话的，每个人都有艰难的"第一次"。深呼吸，给自己一些积极的心理暗示，保持好的状态，艰难的"第一次"就会顺利度过。

小贴士

古罗马著名演讲家希斯洛第一次演讲就脸色发白、四肢颤抖；美国的雄辩家查理士初次登台时两个膝盖不停地抖；印度前总理英·甘地首次演讲不敢看听众，脸孔朝天。为什么后来他们都出现了如此巨大的变化？唯一的理由就是他们克服了内心的胆怯。

练好演讲，唯有实践

要想克服演讲的心理障碍，如果你问这里是否有捷径可走，那答案是否定的。没有捷径，只有实践才能练出胆量。演讲，虽然也关系到许多理论、知识、教材，但总而言之，它是一门实践科学，因此需要在实践中得到锻炼、在实践中积累经验、在实践中应用和提高。当然，这所有的一切都取决于你的心理素质。假如你在练习演讲时，总是想着"面子"，想着"假如我说错了，大家肯定会取笑我""如果根本没有人听我说话怎么办"等，那么这些心里顾虑只会打击你刚刚鼓起的勇气。如果你就此放弃了实践机会，那就等于放弃了成功演讲的机会。

有的人明明演讲就脸红心跳、全身发抖，但是他从来没想过在生活中多加

第 02 章
素质——克服内心的胆怯

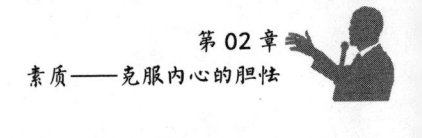

练习。在他们看来，演讲不过只是偶尔的事情，用不着费那么大力气来练习。于是，他们通常是临时抱佛脚，在演讲之前反复提醒自己要大胆、自信，他以为不断地暗示自己就可以了，没想到最后还是因自己的心理原因而没有达到预期的效果。

公司里出了名的"演讲王"王先生可谓是演讲的高手，他不仅滔滔不绝，而且说话十分幽默风趣，如此的讲话深得全公司员工的喜欢。

不过，说到两年之前的王先生，连他自己都感慨不已。当时，王先生有一个缺陷，一到演讲腿就哆嗦得厉害，口不能言，手不能动，简直比进医院还让人恐慌。以前在公司开会，快到王先生发言的时候，他总是借故走开："哎，你们先说，我去一下卫生间。"或者就是抱着手机假装打电话，以此逃过一劫。这样长期下来，就连王先生自己都觉得快崩溃了。

于是他辞职换了一个工作，开始做销售。大家都知道，销售最需要的就是嘴上功夫，如果不会说话，那肯定是有苦头吃。刚开始的一个月，王先生几乎没什么业绩，因为他不擅长与客户沟通。经理找到王先生，说道："说话是一件简单的事情，每天你都在实践练习，怎么一点儿也没进步呢？这样吧，咱们公司的宣传部需要一个人，你先去当当主持人，把嘴上功夫练好，再来做销售。"就这样，王先生赶鸭子上架，去宣传部当了一名主持人。

结果，工作还是不见起色，被领导三番五次地训斥后，王先生觉得自己不能再这样下去了，不过是说话而已嘛，再跨不过这道门槛，估计这份工作也会丢了。他开始对着镜子练习，之后又拉着公司同事一个个说话，开始在办公室里当着几个人的面说话，后来渐渐地，能站在舞台上说话了。经过一段时间的练习之后，王先生当众说话一点也不紧张了，他又重新回到了原来的公司。如今在公司里开会，他已经能够滔滔不绝，而且风趣幽默。如果说过去的他像哑巴，那现在的他就是一"话痨"。

演讲的"胆"从哪里来？大量事实告诉我们，只有不断地练习和实践才能

017

拥有足够的胆量。如果一个人心里总是害怕演讲，总是担心自己当众出丑，乃至连实践、练习的机会都放弃了，那估计他一辈子都会是这个样子。学过滑冰的人都知道，不经历过摔倒、爬起来的反复磨炼，是不可能学会滑冰的技巧的。

演讲也是一样，如果你总是因为紧张害怕而逃避讲话的机会，封闭自己，如果你不努力锻炼，只是一味地逃避或自我心理安慰，遇到需要说话的场合时，你还是会紧张。胆量是练出来的，只要你有实践的决心，就一定能练出敢于在众人面前说话的好胆量。

可能有的人不知道具体的实践应该怎么进行，那不妨借鉴以下技巧吧。

1. 加强训练

你可以在平时的生活中，对自己的口才表达能力进行训练。加强训练的方式有朗诵、自言自语、大胆与陌生人交往、与亲近熟悉的人交谈，多听别人演讲等。无形之中，你会学会更多演讲的技巧，而在这个过程中也能让自己的勇气得到提升。

2. 对着镜子练习说话

如果你实在没有勇气当众练习，那不妨先对着镜子说话，自言自语，或是自己讲故事，观察自己的表情、动作。这样练习一段时间之后，相信你应该有勇气走出家门，与其他人进行语言交流了。

小贴士

在这个世界上，做任何事情都没有捷径可走，你唯一能做的就是不断地练习、实践，只有这样你的心理素质才会越来越好，不仅如此，你的讲话水平也会得到较大程度的提升。

第 02 章
素质——克服内心的胆怯

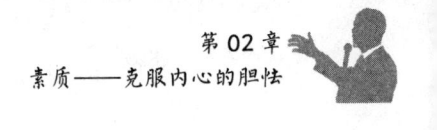

掌握演讲技巧，讲话更出彩

俗话说："艺高人胆大。"如果你掌握了演讲的技巧，那还担心自己无法说出口吗？大多数人对演讲充满恐惧，并不是他缺少渊博的学识，也不是缺少勇气，而是不知道自己该说些什么，也不知道怎么说话才能受到大家的认可。于是，他总是担心自己做不好，怕当众出丑，而这一切的心理原因都在于缺乏演讲的技巧。在现实生活中，如果你观察那些敢于演讲的人，你会发现他们当中有的人没读过几天书，也没有多大的本事，但他们敢于演讲，而且说得满堂喝彩。

相反，那些知识渊博的人，却静坐在旁边，摇头不语，或许觉得对方说话有欠水平，不过他本人却连当众发表言论的勇气都没有。对于前者来说，虽然自己缺乏一定的知识，但他更懂得演讲的技巧，因此敢于演讲；对于后者来说，虽然拥有满腹学识，但缺少演讲的技巧，因此没有信心和勇气开口说话。

如果一个人掌握了说话的技巧以及要领，他就会反复告诉自己"我已经掌握了必胜的秘诀，肯定会行的，肯定不会出丑的"，如此，内心消失已久的自信心又重新被找回来了。而且，凭借着那股自信，他将在演讲中超常发挥出自己的水平。

以前，张经理每次出席活动都是依据秘书所写的演讲稿进行演讲，从表面上看，他的演讲还算是成功的，因为他几乎没怎么出现过紧张、发抖的窘迫场面，但这样的演讲还是会有一个问题——好像白开水一样，无法调动听众的热情与活力。因此，公司里的同事都偷偷抱怨：听张经理讲话是一件异常痛苦的事情。其实，还有一件大家不知道的事情，那就是张经理每次讲话下来手心都是一把汗，如果你仔细观察，会发现他每次下台总是会拿出手帕擦擦手，实际上就是

019

擦手心沁出的汗珠。

就张经理本人来说，他也知道自己说话水平很一般，根本掌握不了演讲的技巧，也正因为如此才专门聘请了一位写说话稿的秘书。有一次，碰巧秘书有事外出，而张经理临时得到通知需要参加一次会议，这可急坏了张经理，以前都是背熟了讲话稿，或者照着讲话稿念，自己还从未表达过内心的想法，况且也不懂得如何表达。张经理马上拨通了秘书的电话，语气急促地说："事情办完没？赶快回公司，我下午有个会议要参加，需要说话稿。"但秘书那边却传来不如意的消息，事情尚未办完，即便是着急赶回来，也是第二天早上了。对此，张经理心急如焚，这可怎么办呢？

这时秘书在电话那边给张经理上了一堂临时补救课："张经理，平时大小场合你也参加过会议，因此这种场面我想对你来说是驾轻就熟的，对于讲什么内容，你不妨列出你想要说的几大点，再加上开场白和结束语，就差不多了，语言组织方面……"就这样，凭借着秘书传达的说话技巧，张经理去参加了会议，虽然讲话过程中出现了短暂的沉默或重复内容以外，听众普遍反映"讲得不错"，而例外的是他下台后第一次发现自己手心并未出汗。

本来，张经理拿着讲话稿讲话，虽然比较成功，但台下听众反应平平，而他自己也感到十分紧张。经过那件事以后，相信张经理已经用不着再请什么专门写讲话稿的秘书了，他可以慢慢地熟练演讲的技巧，从而将演讲这件事看作是收放自如的表演。

那对于演讲，需要掌握一些什么要领呢？

1. 借鉴别人经验，激发自己的勇气

你可以多观察别人的演讲，其精彩在哪里，哪些方面比较欠缺。然后激发出自己的勇气，不断地练习，哪怕屡战屡败，只要你不断地总结、提升，总有一天你会赢得满堂喝彩。

第02章
素质——克服内心的胆怯

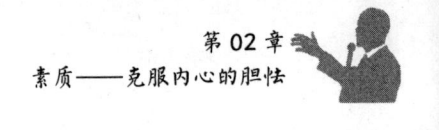

2. 言简意赅，不宜过分矫饰

对于你所需要说的内容，不需要太多华丽的辞藻，你只需要直接而简单地表述自己内心的观点就可以了。啰唆、冗长的语言是大多数人讨厌的，所以，不要过分矫饰语言，或者不断地重复你所说过的内容。

同时，利用一切机会进行演讲，就好像游泳一样，不下水，你永远学不会。说话的机会随处都是，你不妨好好地将其利用起来。

小贴士

清除内心的心理障碍在于拥有自信心，而信心的来源之一在于你熟练地掌握了某项技能。对于演讲来说，也是如此。与其说不敢演讲的人是因为胆怯，还不如说是因为缺乏一定的自信。因为没有掌握演讲的技巧，拿捏不好说话的要领，所以他没有足够的信心来完成演讲这件事情。

如何调节"怯场"心理

美国的心理学家曾进行过一次有趣的测验，题目是："你最害怕的是什么？"测验的结果竟然是"死亡"名列第二，而"当众演讲"却名列榜首。有41%的人对在公众面前讲话比做其他事情更感到恐惧，可见，在公众场合讲话，感到恐惧和怯场是一种很普遍的现象。

很多领导者最初都有过怯场的经历。即便是美国总统林肯，在初登演讲台时也显得很窘迫，恐惧得连一句话都说不出来，直到被轰下台去。但他并未就此消沉下去，而是勇敢地面对现实，勤讲多练，绝不放过每一次讲话机会，使自己的演讲水平日益提高。后来他的总统就职演讲被誉为最精彩的就职演

021

讲之一。

那么，如何破除怯场这个心理障碍，拥有卓越的口才呢？可以考虑用下面的办法。

1.豁出去

每一个新手，常常都有一种心慌病。其实，心慌并不是胆小，而是一种过度的精神刺激。任何人都不是天生敢在公众场合自如说话的，都有一个艰难的"第一次"。古罗马著名演讲家希斯洛第一次演讲就脸色发白、四肢颤抖；美国的雄辩家查理士初次登台时两个膝盖不停地抖；印度前总理英·甘地首次演讲不敢看听众，脸孔朝天。由此可见，只要你抱着"豁出去"的心态，不管三七二十一，整个人也便放松了。

2.心里有听众

说话者在讲话前，心中有听众，但在讲话时，眼中不能有听众，要尽力去表达自己的意图。对下面的听众视而不见，能够消减你的紧张感。有一位教师第一次登台讲课效果就不错，有人向他请教经验，他说："备课时我心中一直想着学生，可一上讲台，我眼中所见，只有桌椅而已。这样，我就放松多了。"

这里特别推荐美国著名魅力专家都兰博士发明的抗怯场练习的几种方法，供你选择使用。

（1）追蝴蝶练习。在登台前最后一刻做，效果最好。首先，双脚开立，与肩相齐，膝微屈，挺背，双臂放松垂于身体两侧，这时候不必刻意呼吸；其次，边叫"呜"边作蹦跳，一共10次，尽量用力，"呜"声要短、急、用力。每次说完"呜"，双拳向下猛砸；最后，放松闭嘴，缓慢深呼吸，嘶嘶吸气，微张嘴，弯腰至膝，蹲于地。这样的动作重复三遍，作缓慢深呼吸。

（2）蒸汽机练习。首先，双脚与肩齐，站在那里，屈膝，将头抬起，闭嘴，右臂后拉，左臂前伸，尽量用力，同时深呼吸。其次，左右臂换个方向，重复

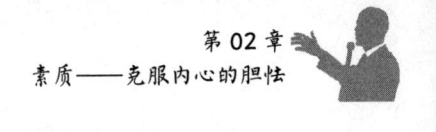

上述动作。节奏要平稳，开始要慢，随后要越来越快，持续做 3 ~ 5 分钟，记住闭着嘴。

（3）劈柴动作练习。两腿分开 30 ~ 45 厘米，脚尖向前，两膝轻松放直，攥紧双手。吸气，摆动紧握着的手，高抬过头。把举起的手摆下来，身体猛向前屈，吐气。再屈膝大叫一声"哈"。吸气，再举手。重复上述动作，做上 10 ~ 20 次。

注意：吸气时要闭着嘴，直到你摆手时叫"哈"，这样就可吸进更多氧气，练习就更有效。

（4）摇来摆去练习。双腿分开站立（与肩相齐），同时摆动身躯、脖子和头，先向右，再向左。让双臂自由摆动，随身体转来转去，最后双臂放松地围住双肩。在摆动时，尽可能大声叫："我不在乎！"如此反复，也可叫"不，我不在乎"或"你能奈我何"，重复几十次。身体摆动时，保证头随身子转。尽可能轻松自在地去做。

（5）减压练习。首先，站在门槛上，手掌挤着两边门框，鼓气用力，面部、头部、脖子会有热血上涌。尽量多坚持一会儿；然后，突然完全放松；最后，深呼吸。重复这样的动作三遍。

（6）心怀世界练习。吸气，感觉你像是在拥抱整个世界。伸展四肢，感觉你的心脏是世界的扩充与展开，你不再是单纯的一个生命体。至少坚持 1 分钟以上，让世界置于你的怀抱中，手放胸前，双手轻抵。如此做上 4 次，把消极的意念都去掉。努力去喜欢它，把它容纳进来，放在心上，化恨为爱。

小贴士

你可以在平时的生活中，对自己的口才表达能力进行训练。加强训练的方式有朗诵、自言自语，大胆与陌生人交往、与亲近熟悉的人交谈，多听别人当众讲话等。

第 03 章
心理——走进听众的心里

演讲是演讲者与听众的双向交流活动，而听众是演讲活动中不可或缺的重要因素。演讲者是信息的传播者，听众是信息的接受者，离开了听众，演讲就失去了意义，演讲活动也就无法进行。所以，对演讲者而言，应该想办法走进听众的心里。

听众是唯一的主角

虽然听众在整个演讲活动中处于客体地位，但绝非被动的"接收器"，而是具有主观能动性的积极参与者。假如听众对演讲内容有浓厚的兴趣，便会采取积极、热情的合作态度；反之，则会采取冷漠甚至敌视的态度，演讲就不会成功。所以，演讲者一定要在了解听众的基础上力求触发听众的兴奋点和创造欲，才能实现最终目的。

如何实现演讲的目的？德国大哲学家黑格尔在《美学》中论述："一般说来，演讲家在演讲里的最高旨趣并不在于艺术性的描述和完美的刻画，他还有一个越出艺术范围的目的，他的演讲的形式结构毋宁说只是一种最有效的手段，利用来实现一种非艺术性的目的或旨趣。从这个观点来看，他感动听众，不单是为感动而感动，听众的感动和信服也只是一种手段，便于演说家要实现的意图。所以，对听众来说，演讲家的描述也不是为描述而描述，也只是一种手段，用来使听众达到某一信念，作出某一种决定，或采取某一种行动。"你讲什么没有用，起作用的是听众所听到的。简而言之，听众的需要就是演讲的目的，听众的反应就是演讲的效果，听众的评判就是演讲的标准。

亲爱的老师、同学们：

大家好！大学的生涯即将过去一半，我们也快要从一个满怀壮志的大学生，步入社会迎接未来，这期间虽然饱尝了山穷水尽疑无路的困顿，可丰富的大学

第 03 章
心理——走进听众的心里

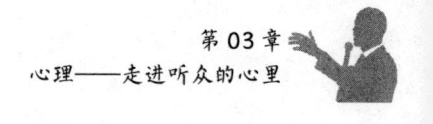

生活也给我们带来了柳暗花明又一村的崭新境地，因为这里是我们攀登目标理想的新起点，这里也是我们积累知识阅历的新家园。在这个新家园里，我们必须要明确自己的目标，今天，我的演讲题目就是"梦想的目标，人生之路"。

古人云："有志者，事竟成。"所谓志，就是指一个人为自己确立的"远大志向"，确立的人生目标。人生目标，是生活的灯塔，力量的源泉，如果失去了它，就会迷失前进的方向。确定了人生的目标，才可能选择生活的道路，进而才能够掌握、控制自己的人生。有了目标，人生就变得充满意义，一切似乎都清晰、明朗地摆在你的面前。什么是应当去做的，什么是不应当去做的，为什么而做，为谁而做，所有的要素都是那么明显而清晰。于是生活便会添加更多的活力与激情，使我们自身隐匿的潜能得到充分的迸发，为实现高素质的人生打下坚实的基础。让我们携带心中的梦想一同起航吧！

人的一生不能没有一个明确的目标和方向。目标与方向主导了我们一生的命运与成就，它是驱使人生不断向前迈进的原动力。若一个人心中没有一个明确的目标，就会虚耗精力与生命，就如一个没有方向盘的超级跑车，即使拥有最强有力的引擎，最终仍是废铁一堆，发挥不了任何作用。

纵观全篇演讲，目的在于阐述"目标"的重要性，通过大学生活谈到人生的目标，最终让听众们能够从中受益，从而树立远大的目标。由此可见，成功的演讲者既要让演讲成为听众的一部分，同时要使听众成为演讲的一部分。而这首先需要演讲者了解和掌握听众的心理特点。

通常情况，听众会有这样的心理特点：

1. 是否接受信息

听众听演讲是用耳朵、眼睛及大脑进行认识的一种综合心理活动，这是在已有经验、知识和心理期待的基础上进行，所以有强烈的主观性和选择性。他们会选择性注意，也就是只关注已知、有兴趣、有关系或希望了解的部分；选择性记住那些自己愿意记住的信息，忘记那些不喜欢的信息；选择接受自己愿意接受的观点。

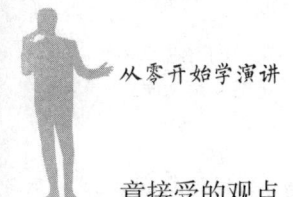

2.态度

即便是同一场演讲，听众对演讲的态度也会受自身的影响。对同一演讲者的同一内容，听众由于受自身态度的影响会采取不一样的态度。

3.特殊心理需求

台下的听众包括了各个行业、各种性格的代表人物，所以每个听众都有其特殊的心理需要。每个听众听演讲的心理需要都与其切身利益相关，有的听众希望能增长知识，有的听众希望拓展眼界，有的听众希望解决问题。

4.矛盾与统一

听众心理是独立意识与从众心理的矛盾统一。也就是说听众心理既有个性独立思考，不唯上、不唯书的独立意识的一面，又有受其他听众影响改变自己看法的一面。

小贴士

演讲者可以通过一些途径了解听众的心理需求，比如通过听众所在的单位，或是通过演讲所在地区、时期的社会舆论，或通过开小型座谈会或与听众个别交谈，或通过演讲过程中听众的提问、插话等。

深入浅出，一讲到位

演讲是演讲者向听众传递信息的一个重要手段，因此，让听众深刻领会就成为演讲需要达到的重要目的之一。可能一些演讲者认为，越是运用高深的理论知识、晦涩难懂的演讲语言，越是能体现自己的知识水准和演讲口才，越是

第 03 章
心理——走进听众的心里

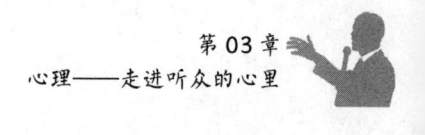

能将自己与听众在知识层次上划分，而实际上，这无异于唱独角戏，不仅得不到听众的响应，也失去了最初演讲的本意。而越是高明的演讲者，越是懂得深入浅出的道理，他们能在轻松愉快的氛围与简洁通俗的语言中把自己的本意传达给听众，达到自己的演讲目的。

毛泽东注意语言的通俗化，更注意以大量文学手段为语言技巧，使文章深刻生动、出神入化，增强思想艺术感染力。毛泽东提出了"三个吸收"：第一，要向人民群众学习语言；第二，要从外国语言中吸收我们所需要的成分；第三，学习古代语言中有生命的东西。毛泽东始终注意以群众生活语言为基础，努力从上述三方面吸收语言营养，将"活人的唇舌"作为源泉。

在闽西，当有些人提出"红旗到底能够打多久"的疑问时，毛泽东不是去讲大道理，只是用了八个字"星星之火，可以燎原"来回答，形象、通俗而又富有哲理，消除了人们的悲观情绪。

延安时期，毛泽东常常到抗大去讲哲学，抗大的学员文化水平参差不齐，他就把枯燥的理论与实际结合起来，深入浅出，生动活泼，形象具体。在讲《矛盾论》时，为了说明外因是变化的条件，内因是变化的根据这个观点，他举了鸡蛋因得适当温度而变化为小鸡，而温度不能使石头变为小鸡的生动例子；讲《实践论》时，他举了一个要知道梨子的滋味，就得找个梨子，亲口吃一吃。毛泽东在举这些生动的例证时，听课的同志全都笑了。

井冈山斗争前期，许多同志不懂中国革命战争的特点，也不懂得什么叫游击战术，毛泽东扼要概括为"十六字诀"，又进一步解释道，打仗行军就是一门学问，打得赢就打，打不赢就跑，赚钱就来，亏本不干。几句简短、通俗而又深刻的话语，就把游击战争的战略战术讲明白了。

任何一个演讲者，都应当学习毛泽东的演讲语言——通俗易懂，因为讲者和听者之间总是会有一些距离，每个人能接受的语言水平也是不一的。作为演讲者，你只有做到深入浅出，将你要传达的思想以简洁的语言传达给你的听众，

029

才能真正让听众心领神会。

诚然，任何一个演讲者都希望自己在演说的时候能妙语连珠、口若悬河，这也是演讲大师制胜的法宝，是演讲者讲出魅力的根基。但演说的语言深入浅出，并不与此相违背。事实上，这恰好正体现了一个领导者的口才，因为任何语言艺术的运用，只有在让听者接受的前提下才能发挥效用。

那么，作为演讲者，我们该如何做到深入浅出地演讲呢？

1. 语言要生动形象

举个很简单的例子，形容一个人胖，如果你只说此人很胖，实在很胖，那么一点说服力也没有。而如果你说成，"此人体型宽大，我估计摔倒了都不知从哪头扭。"这样就更容易给人一种形象感。契诃夫在描写胖子的时候，语言更为奇妙："这个胖子胖得脸部的皮肤都不够用了。要张开嘴笑的时候，眼睛就要闭上，而要睁开眼睛看的时候，就得把嘴巴闭上。"

2. 在演说语言中注入你的精神力量

两千年前，有一位拉丁诗人曾说："如果你想引出别人的眼泪，必须自己先悲感起来。"的确，感情是形于内而发于外的东西，如果你自己做不到感情饱满，那么自然感染不了听众，反而让人感到虚假、做作。也就是说，要想感染别人，最根本的是使自己先进入情绪，进入状态，用心感知。

我们发现，那些成功的演讲家，大都是富有活力、精神抖擞的人，具有超常的爆发力。已故的美国大政治家柏寿安说："通常所谓口才流利，就是说那人说话是从心底里发出来的，里面充满了热诚。一个诚恳的演讲者，不怕缺乏知识；一篇能够说服听众的演讲稿，能够把自己的心与听众的心融合为一，而不是单单把自己的记忆移入对方的记忆。演讲者要欺骗听众比欺骗自己更难。"

3. 善思考

人是善于思考的动物。善思考，才能出观点、出新意。不思考，就会人云亦云，没有真知灼见；就会老生常谈，提不出新思路、新见解。同样，演讲过

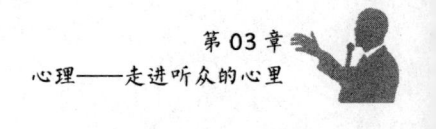

程中，如果你多加思考，那么，对于那些生硬的问题，自然就能找到通俗易懂的表达方式。

4."厚积"才能"薄发"

要将晦涩难懂的语言通俗化，不仅需要我们的嘴上功夫，更需要平时的积累。因此，必须注重知识的积累，语言的积累，经验的积累。茶壶里有饺子才能倒得出来，有深厚的积累和扎实的根底才能做到言之有物，言之有据，言之有理，言之有效。

小贴士

心虚气短、心浮气躁的人是无论如何也讲不到"点子"上的。因此，演讲者在日常工作和生活中，应努力养成独立思考和多积累演讲语言的好习惯。这样，才能富有思想性和创造性，才能在演讲中做到厚积薄发、深入浅出。

观察听众反应，及时作出调整

西方有位哲人说过："世间有一种成就可以使人很快完成伟业，并获得世人的认识，那就是讲话令人喜悦的能力。"中国自古有"一人之辩重于九鼎之宝，三寸之舌强于百万雄兵""片语可以兴邦，一言可以辱国"的说法。如果演讲者拥有较高的讲话水平，无异于如鱼得水，如虎添翼。甚至有人说，谁掌握了讲话艺术谁就拿到了走向成功的护照。从某种程度上说，"讲"得如何，直接影响到职能发挥的好坏。

优秀的演讲者在发表讲话的时候，并不是只顾自己滔滔不绝地讲述观点，还很重视观察听者的反应，分析听者的心理，当他们发现自己的讲话没有引起观众兴趣时，他们就会立即调整话语动向，使得自己始终掌握全场气氛。

某领导同志在记者招待会上被外国记者问到外资近几年是否可以进入中国内地开办银行的问题，当时中央并没有这方面的规划，而如果直接说"不知道"或"无可奉告"，那么下面几百个翘首以盼的记者们肯定会大失所望。

他回答："你们愿意来中国开办银行，我们表示欢迎，但是，不要来得太快；来得太快了，你们赚不到钱，可不要埋怨我们哟。"记者们问这个问题，表明外资银行对这一问题极其关心，而当时记者们的态度明显表示他们想得到肯定的答案。领导的回答，正是将本来否定的答案变成了肯定，满足了记者们的希望，又准确地传达了实际信息且不伤感情，体现了高超的语言艺术。

通常来说，当演讲者讲话时，听者会对其讲话内容产生不同的反应，并通过语言、动作以及面部表情反映出来。有经验的演讲者会把握听众的这些情绪，即懂得"看着人说话"。讲话者对于听众的情绪转变，或喜或悲，或笑或气，都应尽在把握之中，从而及时对讲话内容进行调整，直到听众情绪符合讲话者的需要为止。

这就要求演讲者学会讲话中的"变"术，在讲话过程中随时捕捉听众心理的变化，把听众的情绪逐步推向高潮，达到台上台下共鸣的效果。

那么，演讲者具体该如何根据听者反应把握讲话时的话语动向呢？

1.随时观察听者的信息反馈

沟通是双方面的，演讲的确是为了传达某种思想，或是工作报告，或是工作指示等，但绝不能只顾自己滔滔不绝，还要随时注意听者的反应，并从中判断对方对自己传达的信息是否感兴趣，是否能理解和接受；如果对方没兴趣或理解上有障碍，要及时修正自己的讲话内容，以便沟通能进行下去并获得较好的效果。具体来说，这需要演讲者做到：

（1）随时观察听者的信息反馈。任何人在倾听他人讲话的时候，都会产生某些不同的倾听效果，而这些效果，通常都是通过表情与动作来体现的。一般来说，分为以下几种情况：

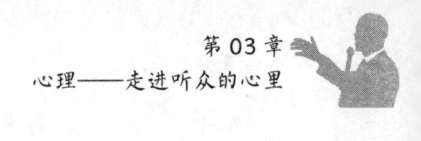

如果对方眼神中充满了迷惑，对讲话的节奏适应不过来而显得慌张，那么他可能对讲话内容关注，但不能完全理解；如果对方在听你的谈话时，目光注视着你，随着讲话的节奏思考，那表示他不仅喜欢讲话的内容，而且有比较深刻的理解；如果对方经常做些别的事情，不时打断讲话，则很可能是他对这次谈话不感兴趣。眼神、面部表情、肢体动作等，都可能蕴含着这方面的信息，讲话者如果不注意观察，只是一味讲自己的话，则很可能造成讲话者与听话者各取所需、互不相干的尴尬境遇，使得沟通成了个人的自我表现。

（2）聆听对方的回答。任何沟通都是双向的，这也决定了沟通不能只说不听，同样，演讲也不能只顾自己表达而忽视听众是否接受，只讲不听。

因此，一个高明的演讲者在讲话的时候，往往很注重和听者沟通，他在讲完自己的话之后，或者在要表达的内容完成后，会主动提出来让听者发言、表达自己的见解。这样做，一方面，有利于了解听者对于自己演讲内容的理解程度，有利于信息的反馈；另一方面，聆听是一种对他人的尊重，聆听更是一种人际交往的艺术。一个优秀的演讲者，必须是一个虚心的聆听者。只有在聆听了对方的讲话之后，才能更好地了解对方的性格、素养和态度，才能更好地把握对方的心理，对下一步要说什么有更好的判断，从而在讲话时更有针对性，使对方更愿意聆听自己的讲话。

2. 不断地修正自己讲话的内容与方式

演讲，毕竟是为了传达某种思想，使听者接受。在接受到听者的信息反馈之后，演讲者就需要对自己讲话的内容进行修正，使之更容易被听者理解和接受，更符合听者的胃口。同时，我们不得不承认，任何讲话，即使准备得再充分，也不可能完全预测到演讲过程中出现的"意外情况"与"偏差"。对话过程中，在不断地接受听者的表情动作和话语中传达的反馈信息后，在此基础上修正讲话的内容与方式，可以促使双方站在同样的立场考虑问题，使沟通更加顺利。

当然，修正讲话内容的过程中，对演讲者的观察能力、反应能力和表达能力的要求是非常高的。首先是从对方的言行举止中观察对方的喜恶态度，然后迅速地对自己的讲话内容作出调整，还要保持讲话内容的前后连贯一致。在这个过程中，既要能投其所好，说出对方想听的话，又要能把自己的意图表达完整，掌握谈话的主动权。

3.情理结合打动对方

在演讲过程中，仅仅从道理上说服对方是不够的，有时候必须将感情与道理相结合，才能更有效地达到讲话的目的。

人都是有感情、有情绪的，很多时候人们往往会因为感情的原因而抵触一些从道理上来讲很正确的东西。碰到这样的情况，如果你还一味地和对方讲道理，可能不但无法让对方接受，反而会让对方产生厌烦的情绪。而如果换一种方式，先从感情上打动对方，再结合一定的道理说服对方，则沟通会顺利得多。

小贴士

演讲是沟通的桥梁，桥梁的稳固需要的就是这四个"墩"：准确的表达、细心的观察、及时的修正和丰富的感情。演讲者在演讲中若能时刻牢记并灵活运用这些技巧与方法，将使你在讲话中跨越重重障碍，顺利达到自己的目的。

真诚比任何技巧都重要

演讲者在演讲时要注意把自己的情感融入到语言之中，追求语言的朴实无华、感情真挚。一个人不可能没有情感，只要他一开口，总是在试图用自己的情感感染别人。真挚而健康的情感可以感染听众，使其按照说话者的意愿去行

第 03 章
心理——走进听众的心里

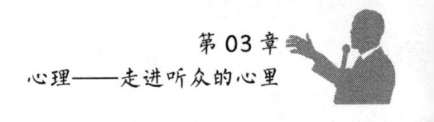

动。而朴实无华的语言往往能表达真情实感，以造成适度煽情的效果，有时太多的言语修饰反而会削弱情感的真挚度。

某领导在西澳大利亚州首府珀斯与中澳学生座谈时，洋溢着亲切、热烈的气氛。"我是一个普通人。和年轻人在一起，我感到自己也年轻了。"他平易近人、和蔼可亲的开场白一下拉近了中国领导与年轻学子之间的距离。他接着回忆起战乱年代度过的童年，特别提到了祖父创办的学校在战火中被毁的情景。"有两件事在我脑海中留下深刻印象：一是要和平；二是要发展教育。"

在场的 20 多名中澳学生中，来自西澳大学、伊迪斯科文大学的 3 名中澳学生成为现场提问的"幸运儿"：中国政府对留学回国人员有没有优惠政策？澳大利亚人应当怎么看待中国文化？要加强两国之间的了解，应当作怎样的努力？"对留学人员我们的立场是：支持留学、鼓励回国、来去自由。但希望你们记住，你们都有两个母亲——生你的母亲和祖国母亲。"这是他对留澳学生和全体中国留学生的期许。"中国是古而又新的国家，澳大利亚是新又兴的国家。两国历史、文化、地理条件不同，但我们都酷爱和平、热爱生活。我们可以和而不同，共生共长而不强求一律。可以彼此相互学习、相互借鉴，和谐地生活在这个地球上。"这是那位领导对文化包容性、多样性的阐述。

这位领导的语言风格，体现了他的民本情怀，流露出他对民众作用的深刻理解。他的语言总是能够如春风一般拂过你的心，温暖到你的心窝里。我们常说，"动之以情，晓之以理""通情才能达理""感人心者莫先手情"，其实就是这个道理。

澳门特首何厚铧在 1999 年的选举中获胜。在参选前的一次记者招待会上，当记者让他谈谈对澳门的认识、对自己参选的认识时，他说："澳门是我生活、家庭和事业的根基，澳门的一切，伴随着我长大。澳门人的思想，熏陶我的性格；澳门人的忧乐，与我息息相关。我对澳门发自内心的热爱和归属感，鞭策我要贡献所长。在澳门重回祖国怀抱之际，我身为一个中国人，理应当仁不让，竭尽所能，以自己的一份热忱，来承担这一历史使命。""我的参选是澳门人给我的一个机会，容许我把自己对澳门的深厚感情进一步升华，变成无私的奉献。"

何厚铧短短的几句话里，既没有华丽的辞藻，也没有对选民的曲意逢迎，有的是自己对澳门发自内心的热爱，语言朴实，直接表达了其真情实感，听众不得不为之动心、为之折服。

1.演讲要以情为基础

有的人能用寥寥数语就征服听众，重要的原因不在于说话者有多么好的口才、有多么好的语言表达能力，而是在于他的语言朴实无华、情深意切、打动人心，听众所喜欢的就是这样极富感性的演讲者。

2.尽量使用无矫饰的语言

最具有情感性的语言不是华丽辞藻的堆砌，而是最简单质朴的语言，那些语言才能真正地走进人们心里，征服人的心灵。因此，在说话时不需要讲多么漂亮的话，而应尽量地使用朴实无华的语言。

小贴士

演讲者在语言表达时，可以适当煽情，这往往起到意想不到的效果。演讲的主要目的就是为了能够使听众信服，因此，只有尽可能在双方之间建立起情感的桥梁，才能够以情动人，以理服人。

第 04 章
材料——肚子里要有货

美国演讲学家戴尔·卡耐基说："我们天天都由我们所讲的话所规定，我们所说的字句表现出我们的修养程度，它使有鉴别力的听众明白我们与何种人为伍，它是我们教育文化程度的标尺。"作为演讲者，我们的肚子里要有货，这样才能真正做到言之有物。

风趣的语言源于深厚的底蕴

一个说话风趣幽默的人，他的文化底蕴通常是较为深厚的。幽默是最能表达一个人修养与涵养的方式，因此，古今中外所有说话幽默与富有风趣的说话者，无不受到大众的欢迎和敬佩。幽默生动的语言可以更有效地传情达意，增进彼此的了解；说话者以幽默坦然待人，这可以使听众消除心理上的顾虑，从而缩短彼此心理上的距离。另外，在公众场合运用幽默贴切的语言，会使听众有畅所欲言、表露真实感受的想法，这时说话者就可以了解听众的愿望、动机以及目的。

对于公开场合的说话，获得听众的好感才是说话成功的关键之一，而幽默正是获得听众好感的有效方法。在较为正式或严肃的说话场合中加上幽默贴切的语言，往往会让气氛活跃起来，同时也会让说话者的紧张感在笑声中得到缓解。

在 2000 年 8 月举行的南部非洲发展共同体首脑会议上，曼德拉一连串妙语连珠的幽默话语征服了上千名与会者。他走到讲台前说："这个讲台是为总统们设立的。我这位退休老人今天上台讲话，抢了总统的镜头，我们的总统姆贝基一定很不高兴。"话音刚落，笑声四起。这时，主持人为他搬来一把椅子，请他坐下演讲。他在谢过主持人后说："我今年 82 岁，站着讲话不会双手颤抖得无法捧读讲稿，等到我百岁讲话时你再给我把椅子搬来。"会场里又是一

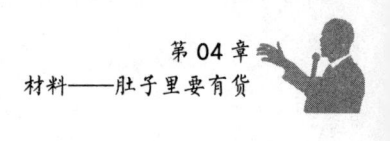

阵笑声，曼德拉在笑声后开始正式发言。

讲到一半，他把讲稿的页次弄乱了，不得不来回翻看。他脱口而出："我把讲稿页次弄乱了，你们要原谅一位老人。不过，我知道在座的一位总统，在一次发言时也把讲稿页次弄乱了，而他自己却不知道，照样往下念。"这时，整个会场哄堂大笑。"其实，讲稿不是我弄乱的，秘书是不应该犯这样一个错误的。"结束讲话前，他说："感谢你们把用一位博茨瓦纳老人名字命名的勋章授予我这位老人。我现在退休在家，如果哪一天没钱花了，我就把这个勋章拿到大街上去卖。我肯定在座的一个人会出高价收购的，他就是我们的总统姆贝基。"这时，姆贝基情不自禁地笑出声来，连连拍手鼓掌，会场里掌声一片。

曼德拉幽默的语言调动了人们的情绪，那种场合是极为严肃的，所以在场的人们也不会去过多地关注某个人。但是曼德拉幽默的语言给大家带来了欢乐，也调动了他们积极倾听的情绪。

说话者风趣幽默，需要其本身具备一些基础和条件，也就是具备一定的文化底蕴，这样才能使你的说话充满了风趣幽默和真情实感。

1. 较高的文化修养和语言表达能力

只有说话者语言修养高、文化知识丰富，对古今中外、天南海北、历史典故、风土人情等各种各样的知识都有所了解和掌握，再加上丰富的语汇、灵活多样的语言表达方式，这样说起话来才能得心应手，如此自然就容易活泼、生动、有趣。

幽默说话是说话者的聪明才智的标志，它要求说话者有较高的文化素养和较强的驾驭语言的能力。但是，在说话过程中，幽默只是一种风格，一种手段，并不是目的，不能为幽默而幽默，一定要根据具体的题旨语境，适当选用幽默的语言。

2. 高尚的情趣和坚定的信念

幽默的语言通常建立在说话者有较高的思想境界和较高的涵养的基础之

上。一位心胸狭窄、思想颓废的人，他是不会幽默的。恩格斯曾经说："幽默是表明人对自己事业具有信心并且表明自己占有优势的标志。"因此，幽默永远属于那些拥有热情的人，属于那些生活的强者。

3. 较强的观察力和想象力

在说话过程中，幽默的说话具有反应迅速的特点，这就要求说话者本身必须思维敏捷、能言善辩，而这往往来自于对生活的深刻体验和对事物的认真观察。说话者只有具备了较高的观察力、想象力，才能在说话过程中灵活地运用比喻、夸张等方式讲出幽默的话语。

小贴士

实际上，那些幽默风趣的说话风格往往来自深厚的底蕴。幽默在生活中无处不在，幽默的素材也是无处不有，一切在于作为说话者的你是否有那敏捷的思维以及发现素材的慧眼。幽默贴切的语言是生动形象的语言，同时也是让听众饶有兴致听下去的语言。

多积累小故事，填充演讲内容

说话本身带来的感染力通常是较少的，毕竟你所说的大多都是枯燥呆板的内容，你可以看看大多数的公众场合的说话，无一例外的都是"第一、第二、第三"，诸如此类的条条框框，整个说话过程没有丝毫的趣味性。而对于听众来说，他们更希望听到一些有趣的内容，比如有寓意的小故事，使自己能够从这些故事中得到启发。这样的说话不仅能调动听众的积极性，同时也有效地增加说话的趣味性。

第 04 章
材料——肚子里要有货

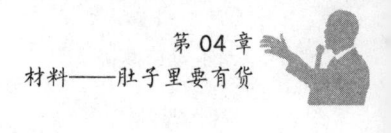

有一次，孙中山在广东大学作一次关于民族主义的演讲。礼堂非常小，听众很多，天气闷热，很多人都无精打采。孙中山便穿插一个故事：

那年我在香港读书时，看见许多苦力聚在一起谈话，听的人哈哈大笑，我觉得奇怪，便走上前去。有一个苦力说："后生哥，读书好了，知道我们的事对你没有什么帮助。"又一个告诉我："我们当中一个行家，牢牢记住那马票上面的号码，把它藏在日常用来挑东西的竹杠里。等到开奖，竟真的中了头奖，他欢喜万分，以为领奖后可以买洋房、做生意，这一生再也不用这根挑东西的杠子过活了，一激动就把竹杠狠狠地扔到大海里，不料连那张马票也一起丢了。因为钱没有到手先丢了竹杠，结果是空欢喜一场。"

孙中山风趣的话，引来台下一片笑声。孙中山接着回到本题："对于我们大多数人，民族主义就是这根竹杠，千万不能丢啊！"

在这里，孙中山讲述了一个很有趣的小故事，而且通过这个小故事引出"民族主义就是这根竹杠"的深刻道理来。如果孙中山继续按照之前的方式说话，那估计大多数的人都支撑不下去了，因为内容太枯燥了。而有着深厚文化底蕴的孙中山适时穿插了一个有趣的故事，让那些昏昏欲睡的人清醒了过来，同时让自己的讲话取得了很好的效果。

在一次讨论会上，一位著名的演说家没讲一句开场白，手里却高举着一张20美元的钞票。

面对会议室里的200个人，他问："谁要这20美元？"一只只手举了起来。他接着说："我打算把这20美元送给你们中的一位，但在这之前，请准许我做一件事。"他说着将钞票揉成一团，然后问："谁还要？"仍有人举起手来。他又说："那么，假如我这样做又会怎么样呢？"他把钞票扔到地上，又踏上一只脚，并且用脚碾它。尔后他拾起钞票，钞票已变得又脏又皱。"现在谁还要？"还是有人举起手来。"朋友们，你们已经上了一堂很有意义的课。无论我如何对待那张钞票，你们还是想要它，因为它并没贬值，它依旧值20美元。

041

人生路上，我们会无数次被自己的决定或碰到的逆境击倒、欺凌甚至碾得粉身碎骨。我们觉得自己似乎一文不值。但无论发生什么，或将要发生什么，在上帝的眼中，你们永远不会丧失价值。在他看来，肮脏或洁净，衣着齐整或不齐整，你们依然是无价之宝。"

生命的价值不依赖我们的所作所为，也不仰仗我们结交的人物，而是取决于我们本身。我们是独一无二的——永远不要忘记这一点！

在说话过程中，当你想阐述一些道理的时候，如果纯粹从理论上来说明，用口号呼吁，这样明显很困难，而且会让听众感觉枯燥无味。但是，如果你能以列举出有寓意的小故事来进行解释和说明，那就能够有效地阐述观点，说明道理，从而让听众信服，而且能让内容充实，形式新颖，引起观众的兴趣。

为了增强自己的文化底蕴，我们需要多多积累有寓意的小故事，而且在具体操作时需要注意以下几个问题：

1. 多积累发生在身边的故事

多积累身边的普通人普通事，因为那些伟大的人、伟大的事固然感染力较强，但毕竟与普通人的生活距离较远，这样不会引起听众的共鸣。如果积累一些身边的事情，用听众身边人、身边事来启发听众，对听众更有说服力，效果会更好。

2. 多积累有寓意的历史故事

中华民族历史悠久，留下了光辉灿烂的文化，历史的长河中，那些有寓意的小故事可谓是数不胜数。历史故事有其特有的生动性、趣味性和深刻性，对于说明道理、吸引听众有着十分重要的作用。比如说"兼听则暗"的道理时，可以列举"唐太宗从谏如流"或"唐高祖广纳众议"这样的历史故事。

小贴士

如果演讲者能在说话过程中引用一些有寓意的小故事来阐述道理，那无疑

第04章
材料——肚子里要有货

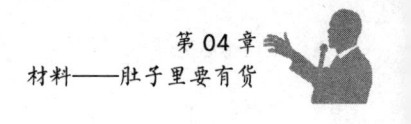

可以增强说服力和感染力，使语言表达言之有据、生动形象。当然，要想达到这一点，我们首先需要做的就是多积累那些有寓意的小故事，有效地增强自己的文化底蕴。

关注时事热点，演讲也要与时俱进

朱熹在《礼记·大学》中有这样一句话："苟日新，日日新，又日新。"意思是说，如果能够一天新，就应保持天天新，新了还要更新。演讲也是如此，有新意，才能给人耳目一新的感觉。一个演讲者，应该时刻关注时事，具备卓越的见识，如此你的眼光才会看得更远，你才能走在时代的最前面，而你的话题才能真正地与时俱进。

某市委书记在加强执政能力建设培训班上的讲话：

从某种意义上讲，心力有多大，能力才会有多强。我十分赞赏有的同志所讲：认真第一，能力第二。认真来自责任心，来自有心、用心、尽心。作为领导干部，在历史使命面前，我们只有一个选择，那就是尽心尽责，否则，我们就是历史的罪人。翻阅历史，一个王朝覆灭之时，一个政党下台之时，并不是源于没有人才，而是源于大家都没有责任心，好像事业好坏与己无关。"家宅将倾，视若观戏"，"马厩失火，处若邻人"。归根结底都是内因。

这样的话，上级领导爱听，下级听众听了也很受用。虽然说话本身要求真实、朴素，但并不排斥语言生动和创新。如果语言枯燥无味，这样的话谁爱听呢？当然，要想自己说话有新意，我们还得多关注新近发生的时事，争取让自己的说话方式与时俱进。

英国作家王尔德有这样一句名言：第一个把女人比作花的是天才，第二个

○43

把女人比作花的是庸才，第三个把女人比作花的是蠢才。人们总是喜欢新生事物，哪怕是听人讲话，如果人云亦云、鹦鹉学舌，或者虽是自己的语言，但老是那一套，就很难吸引人，所以我们要常变常新，不落俗套，做到有独到的见解。说话者要时刻为自己的话语里增添一些新鲜元素，使自己的语言充满新意，而不是尽讲一些陈词滥调。

我国著名的计算机专家、"两院院士"王选教授不仅在科技领域作出了杰出贡献，讲话也个性十分鲜明，有强烈的口语化色彩，深受大家的欢迎。他的讲话，从没有外交辞令，他从不说那些没有现实意义的话，更不喜欢人云亦云，套话连篇，像八十老太一样唠唠叨叨。

有一次，他在电视台做节目，主持人要嘉宾用一句话形容自己，王选教授说："我是一个曾经作过贡献，今天高峰已过，赶不上新技术发展的计算机专家。"仅仅几句话，充分体现了他真实坦荡的性格，很是耐人寻味。他说："一个科技工作者老是在电视上抛头露面，说明他的科学生涯快结束了。""名人要保持普通人的心态，要知道自己是一个过时的人。"身为"两院院士"，王选却认为院士这一称号是社会对科学家历史的一个肯定，"它是一个过去时态，而不是现在时态，更不是主宰未来方向的将来时态"。

有人向这位王教授讨教秘诀，但他只是说："我每天花一小部分时间来阅读报纸，或者看看时事新闻，这样我所接触到的新鲜话题和新的语言就比较多了。"如果你天天不看报纸，不看电视，每天发生的大事情你也不知道，在办公室举行的茶话会中，你是难以融入的，因为他人所说的都是最新的消息，而那些对于你来说是全然陌生的，你唯一的举动就是睁大眼睛很茫然的样子："有这事吗？我怎么没听说呢？"你只有当听众的份儿，而无法成为演讲的主角。

那在实际演讲中，我们如何才能真正地做到与时俱进呢？

1.语言有时代性

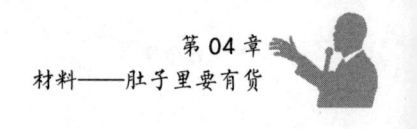

当你关注时事的时候，你会发现几乎每隔一段时间都会有一些新鲜的词语出炉，而这些语言就是需要你去了解的，并将它融入到你的说话中去，让你的语言更具时代性、新颖性。

2.话题有新颖性

这个世界每天都在发生大大小小的事情，如果你的话题还停留在前年或去年发生的事情，那表示你的视野已经落伍了。你应该将新近发生的事情与自己的说话联系起来，从而让自己的话题更具新颖性。

小贴士

"与时俱进"就是演讲需要洋溢着时代气息，有时代感，不断吸取发展性和创造性的思想营养和语言营养成分，语言充满生机与活力，而不是尽说一些陈词滥调的话题。

让电视节目中的内容成为演讲素材

我们每天几乎都有一部分时间是在看电视，当然，对于工作较忙的人来说，这样的时间会少一些。人们看电视通常都是为了打发时间，或是排遣寂寞；而且在看电视时主要都是依据个人兴趣爱好，比如有人喜欢音乐，有人喜欢看电影，有人喜欢财经类、新闻类、体育类等节目。不过，在看电视的过程中，我们很容易忽视电视节目给我们带来的另外一个作用，那就是节目中的某些故事、某句台词可以成为构成我们说话内容的素材。这样的作用是潜移默化的，有时你在说话时会不自觉地说"我那天看到的那个感人故事，真的是一边流泪一边看完的""昨天新闻报道了一个奇怪的现象"等,诸如此类的话语,其实就是在不知不觉地引用节目中报道的内容。

当然,想要在节目中挖掘出说话时所需要的材料,还需要我们选择合适的电视节目。人们看电视节目的目的就是为了放松心情,忙碌了一天后,人们往往精神疲惫,希望能通过娱乐性较强的节目来放松自己,使自己得到休息。在这种情况下,人们很少会想到通过节目来学习、积累知识和讲话素材,他们更容易被那些娱乐性节目所吸引,比如选秀节目、真人秀等。

《杨澜访谈录》是由杨澜创办并亲自主持,与上海东方卫视合作的一档访谈节目。栏目以精彩人物、精彩话题为主要特色,关注人的性格特征和独到见解,以历史的深度和广度,表现个体与社会的相互作用,挖掘人类智慧的光芒。节目定位锐意求新,突出人文和国际化特色。

《杨澜访谈录》自1998年1月创立,已访问包括美国前国务卿基辛格、美国著名电视主持人克朗凯特、中国前副总理钱其琛、澳门行政区前行政长官何厚铧、前国家主席刘少奇夫人王光美、中国台湾著名作家李敖,中国著名声乐教育家周晓燕和国际传媒大亨默多克等在内的近两百位来自海内外在政治、经济、科技、文化等领域具代表性的知名人士。

《杨澜访谈录》是阳光卫视制作的名牌访谈节目,如果你能长时间观看此类节目,你就可以从中了解政治、社会、文化、经济等各方面的不同知识,从而增长自己的见识,拓展自己的视野,这一档名人访谈节目是值得我们一看的。

从那些电视节目中我们可以发现什么样的说话素材呢?

1. 感人的故事

在每个电视台,差不多都有真人真事的报道,从这些节目中我们可以更多地了解到一些感人的故事。比如智障妈妈独自抚养一个弃婴,这样感人的故事可以穿插在我们的当众说话中,当然,在使用这些材料时还需要考虑是否恰当。

2. 经典的台词

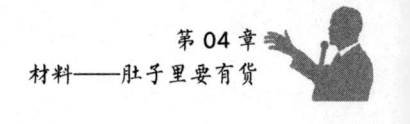

最近几年，几乎每年网上都有一些对于本年度最流行语言的总结，比如那些经典的台词，主持人一些颇有哲理的语言，都可以成为我们说话内容的组成部分。

3. 热点新闻以及时事动态

每天发生的那些比较热点的事情，以及最近的时事动态，这些也都可以成为我们的谈资。当你在工作之余休息的时候，不妨将你所了解的新闻以及时事向在场的同事说说，那也能够显示出你知识的广博度。

小贴士

诚然，并不是说娱乐性的节目就不能挖掘到可用的素材，而是相比较那些有品位的节目，这些娱乐性节目提供给我们的说话材料会少一些而已。虽然看电视节目是一种休闲活动，但我们还是需要尽量选择那些更有品位、有价值的节目。

第 05 章
讲稿——会写才会讲

　　演讲者需要作讲话时，讲话稿是必不可少的。但凡那些成功的演讲，都有较为完备的文稿，而讲话稿在演讲中的积极作用是不容忽视的。要写好讲话稿，就要做到遣词造句斟酌得当，一篇好的讲话稿是改出来的，且写好之后要进行反复预讲。

讲话稿是初学演讲的必备品

许多人认为，讲话只要写个提纲、打个腹稿就行，不需要完整的准备；还有的人认为，有了成文的讲稿，讲话就会囿于文辞、照本宣科，使讲话失去其生动性和灵活性。这种看法有一定的片面性。虽然照本宣科的念稿式讲话会使听众厌烦、反感，但是不能因为这种片面的消极影响而忽视了讲稿在讲话中发挥的积极作用。其实，大凡那些成功的讲话，都是备有完整的文稿的。

主要说来，讲话稿的作用表现在下面几个方面。

1. 保证思路畅通，消除怯场心理

列提纲为讲话梳理了思路，规定了大致的方向；而成文的讲稿，则更加具体地描绘了语言表达的状况。如果讲话者预先撰写了讲稿，心中就有底，思路也就畅通无阻，便可以消除演讲时的种种顾虑和恐惧心理，保持轻松的心情，并有利于全身心地加强态势技巧，全力发挥主动性和灵活性，使讲话声情并茂，并获得圆满成功。

2. 避免临场斟词酌句，增强语言的感染力

在没有讲稿的情况下，讲话者在现场临时把思想转变为有声语言的过程很短，没有足够的时间来斟酌词句，必然会出现一些"嗯""呀""这个""也许"等凌乱、啰唆、模糊和不必要的重复口语表达。为了防止口头语中出现各种偏差，必须减少现场临时斟酌词句的情况，预先写好讲稿。在这个过程中，经过认真、

仔细的揣摩写好的讲稿，能够避免词不达意、言不及义的现象。在正式讲话时再将这种书面语言的讲稿转变为有声语言时，就能做到出口成章，大大增强语言表现力。

3. 使讲话富有个性，并能提高讲话水平

讲稿的写作有别于一般文章的写作，也不同于平常的讲话记录。讲稿虽然是书面表达的形式，但要特别考虑口头表达的需要和临场的需要。它虽然最终用口语发表，但又具有规范、严谨的特点，并且有更为明确的目的性和清楚的条理性。无论是从发表形式还是从内容构成上看，讲稿的撰写都有其个性特征。这种特征是受讲话的特点影响和制约形成的。因此，通过对讲稿的撰写和研究，还可以促进和加深我们对讲话的各种技能技巧的研究，提高自身的讲话水平。

4. 检验选材和提纲的实践性进行，保证内容的完善

人们认识问题往往都有一个由此及彼、由表及里、逐步深入完善的过程。讲话者在完成了材料的收集、整理和提纲的编列以后，讲话内容已经有了大体轮廓，但它毕竟只是一个框架，而不是完整的文稿。如果仅仅根据提纲去讲，就有可能因为选材、组材和提纲的疏漏而出现一些不尽如人意的地方，也可能由于认识的偏差而需要临时性更改，这样无疑于自乱阵脚，还可能出现对于判断的程度、范围等的表述失当等诸多问题。

按照提纲写出讲稿，实际上就等于按照提纲进行默讲。这种默讲不像临场讲话那样，一旦讲出就变成最终形式。在这个过程中，讲话者还有多余的时间对自己的讲稿进行修改，使它变得完善。因此，这个默认的过程实质上就是对选材、组材和提纲编列是否恰当的一次实践性检验，也是认识进一步深化、思想进一步明朗化、条理化的过程。通过撰写讲稿，可以进一步修改、完善、充实演讲内容，保证演讲的质量，保证内容的完美，使观点和材料得到高度的统一。

5. 帮助限定时速，避免时间松紧失当

讲话通常是限制时间的，必须在一定的时间范围内完成。如果没有准备好

讲稿,时间往往难以掌握得当。这样就会造成各种各样的情况:或者是前松后紧,开头大肆发挥,扩展内容,到后来就大删大减,留给听众虎头蛇尾的印象;或者是前紧后松,开头讲得太简略,到后来拖拖拉拉,画蛇添足,令下面听众生厌。而如果你有了讲稿,就可以按字数的多少来计算讲话的时间,讲话者在自己的思维中加进文字之外的语言成分,便可以计算讲话的速度,有计划、从容不迫地在限定的时间里完成讲话。

小贴士

讲话就是将思想转化为有声语言。讲话主要是以有声语言和相关的态势语言来表达思想的。有声语言不仅具有传声的作用,而且具有表情性。讲话者可以通过声调的高低强弱、语气的轻重缓急具体地反映客观事物,还可以通过声调、语气或动作表情等把你所想要表达的东西表达出来,使听众心领神会。

有备无患,收集演讲材料

俗话说:"巧妇难为无米之炊。"材料是讲稿写作的基础,就如同修建房子的时候必须有水泥、钢筋等建筑材料一样。撰写讲稿绝不可凭主观想象,而要建立在充分材料的基础上,实际上也是对所占材料的归纳、消化、加工和升华的过程。组织材料主要是来自两方面,一是要有众多的文本材料,另一个就是平时多注意思考,进而形成独特见解的观点群。最后,还需要精心地选择最合适的材料。

一、平时多收集材料

收集材料,就是占有素材,包括综合的情况、一些重要的数据、生动的事例以及重要的思想观点。一定要确保所占有的材料充分，如果你觉得收集材料并不重要，不当回事，而在写作运用时却有了新的认识，感到材料的可用性，后悔没有积累，你再找时间就来不及了，甚至无法找到。有时候，平时积累的一些材料可能暂时用不上，但是只要能在关键时刻用上一个观点、一个事例、一句话，那么这些材料就没有白白积累。而收集材料的途径主要有三个：

1. 经过调查研究，取得第一手现实材料

写演讲稿时，特别需要来自生活的第一手材料。通过调查取得的第一手材料往往更具体生动、真实可靠，给你的印象深、感受深。俗话说："涉浅水者得鱼虾，入深水者得蛟龙。"调查研究必须深入实际、深入现实，必须沉下去，摸清实情。要坚持实事求是的思想，不唯上，不唯下，坚持真理，不见风使舵，更不能随意歪曲事实。需要客观地倾听，平等地讨论，适当地提问，注意与实际情况相结合，对调查的材料要作必要的核实。

2. 广开材源

收集一些与所写演讲稿有关事物的变革情况，以便分析其发展变化，作出正确的分析判断，提出比较有见解的观点。报纸、文件、会议材料、信息、简报等与自己工作有关的材料，都可以及时记下来，然后再分门别类，积累起来，使用的时候非常方便。

3. 储备基础材料

积累一些与演讲稿写作有关的公文，包括法规、政策、文件、讲话、纪要等，甚至收集一些古今中外的精辟论断，作为形成演讲稿观点和进行综合分析的依据，或者直接引证所用。

但是你在调查、收集、积累材料的时候，要注意有三忌。一忌凭主观兴趣出发，而是需要从演讲稿主旨出发，如果只凭兴趣出发，就有可能片面、狭隘，甚至有意无意地歪曲了材料；二忌听风就是雨，只凭道听途说、一知半解；三忌实用主义地调查收集材料。

总之，调查积累材料，需要平时勤看、勤问、勤想，另外还需要广、实。自己要养成勤奋读书、阅报、看文件、记笔记和思考的好习惯，经常读读词语、成语，对一些重要的文件、讲话的关键段落要能够背诵。这样才能使你的材料库和思想库应有尽有，样样俱全，有备无患，令在你使用的时候信手拈来。

二、注意储蓄观点

好的讲稿要有真知灼见，而真知灼见是要在思想认识达到一定的程度，形成自己的观点群并有较强的逻辑线索之下才能形成的。那些历史上的不朽名作，都是在相当程度的思想积累、生活积累、感性积累、观念积累之上，经过提炼加工而成的。要想拥有自己的观点，就需要对客观事物的分析认识得出结论，需要在认识客观事物运动规律的前提下结合实际并有针对性地认识问题、揭示问题、解决问题。

组织材料要得当才能避免"空"和"长"的问题。储备观点就是要注意积累一些有战略性的思想，有备无患，需要时则用之。如果现学现卖、现想现卖，很难写好一篇精彩的演讲稿；而当你有了完备的观点之后，就可以在分析、选择、提炼材料的基础上以逻辑思维为经，以事实叙述、必要的形象描述为纬，进而织出美丽的绫罗绸缎。

三、选择精练材料

讲话材料的大致范围确定以后，还要注意选择精练的讲话材料。除了选材要真实、准确，一般来讲，选择精练材料还要遵循一定的标准：选材要紧紧围绕主题，选择新颖的、典型的材料，所选材料最好还要有针对性。

1.选材要紧紧围绕主题

主题是选材的依据，选择材料必须紧紧围绕主题，选择材料时必须考虑它能否有力地支持主题或为主题服务，否则，再生动的材料也不能用。即坚持这样一条原则：凡是能突出、烘托主题的材料就选用，否则就舍弃。能够有力支持主题的材料一般包括：讲话者自己受感动的材料，讲话者亲身实践证明了的材料，听众感兴趣的材料等。

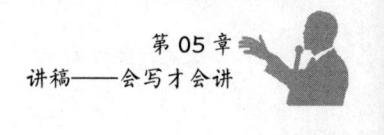

在公元前44年，古罗马的布鲁图斯等人说恺撒大帝是暴君、有野心。恺撒的重臣安东尼为了驳斥他们的诡辩，在恺撒的葬礼上为恺撒作了辩护，在辩护词中，他选择了这样两个材料。

"他听到穷人的呼唤，也曾经流下泪来。"（这不是暴君，而是富有同情心的好君主）

"那天过节时，你们眼睁睁地看着，我三次以皇冠劝他登基，他三次拒绝。"（这不是野心，而是虚心）

这些材料都紧扣主题，直接支持和证明了自己的观点，从而产生了无可辩驳的说服力。

2. 选择典型的材料

典型材料是指那些最鲜明、最有代表性、最能反映事物本质、体现演讲主题的材料。只有这样的材料才能以一当十、以小见大。

3. 选择有针对性的材料

讲话者在服从主题的前提下，选材还要有针对性。讲话者须从听众需要出发，有针对性地选择材料，在组织和选取材料时，"因地制宜，因人施讲"，这样才能达到晓之以理、动之以情的效果，才能唤起听众的热情和兴趣。这种针对性包括：

（1）要针对不同场合、不同听众的具体特点、兴趣和爱好选择使用不同的材料。

（2）要针对听众的文化程度，把材料具体化、形象化，多选择听众能看到、听到、感觉到的材料。

（3）要选择符合听众心理和要求的材料，尽量使这些材料和听众的切身利益结合起来。

（4）要选择那些能给听众指明方向、能够教给听众行动的手段和方法的材料。

（5）要选择那些正确、准确、科学性强的材料，使听众相信和服从。

（6）要根据自身的特点，选取那些自己熟悉的、适合自己身份的材料，这样才能将主题表达得充分而深刻，具有说服力，在演讲时才能胸有成竹。

讲话稿材料的收集和选择是一个问题的两个方面，二者相辅相成，缺一不可。

小贴士

撰写讲稿不能就事论事，而是需要把理性与现实结合起来。有了材料也不能直接堆砌，而是需要虚实结合，把理论与实际联系起来。如果没有客观的现实，就显得空洞无据，不能服人，更不能具体生动地感人；如果就事论事，就显得没有深度，不能发人深思、启迪人的智慧。

好的演讲稿是改出来的

好的讲稿是改出来的，而讲稿的修改要以讲话的目的和宗旨为标准。讲稿的修改主要从材料入手，注意观点的正确性，且需要精益求精，切不可马虎大意。

在揣摩腹稿和拟写提纲时，若已经酝酿得比较成熟，便可以依照提纲，顺着思路不停地写下去。但是具体到如何遣词造句，如何运用语言表达技巧等，则不能不费点心思。否则，就有可能词不达意、言不尽意。

起草初稿，即按照拟好的提纲，把所要表达的内容整理成完整有序的文章。提纲只是将腹稿的大致轮廓描绘下来，起草成文才将以前的全部思维视觉化，使之成为有形可视的蓝本。"玉不琢，不成器""文章不厌百回改"。初稿写

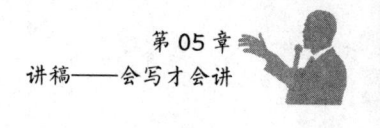

成之后，必须反复修改。好文章都是改出来的，谁也不可能下笔即达胜境。只有经过反复推敲、反复修改，才能使初稿渐趋成熟和完善。修改时应着重注意以下几个方面。

1. 观点是否正确

首先，看全篇的观点是否正确，是否成熟，是否容易被听众所理解、接受。如果有问题，或者欠成熟，必须作进一步的思考，绝不能随便糊弄听众。其次，要看看中心议题是否确立，是否得到了鲜明突出的表现，如果中心不突出，讲话目的就得不到明确的体现。

2. 注意材料的修改

看看材料是否真实、具体、全面、充分，是否用得恰当，说明问题和表达观点是否准确有力。少则增，多则删，不当则换，要毫不犹豫地剔除那些虚假的材料。

3. 注意结构的修改

看结构是否完整、紧凑且富有变化；开场白是否够味，有吸引力；内容是否有令人振奋的高潮，并且所在的位置是否恰当；结尾是否有魅力；段落，层次、段落的划分和安排是否妥当、清楚；上下文之间的衔接、过渡是否自然；前后照应是否恰到好处；全文脉络是否贯通。如果某方面安排不合理，例如，层次、段落的划分和安排还不够清楚，就应立即对其进行妥当的调整和修改。

4. 注意语言的修改

口才是一种语言艺术，锤炼语言是讲话者的基本功。初稿写成后，还要注意进行语言的修改。

（1）鲁迅说："写完后至少看两遍，竭力将可有可无的字、句、段删去，毫不可惜。"句子通顺，语言简练，这是最基本的要求。

（2）要口语化、大众化，撰写讲稿虽然是笔头的功夫，但写出来的东西是用来讲的，不是用来看的，因此必须适合有声语言的特点。

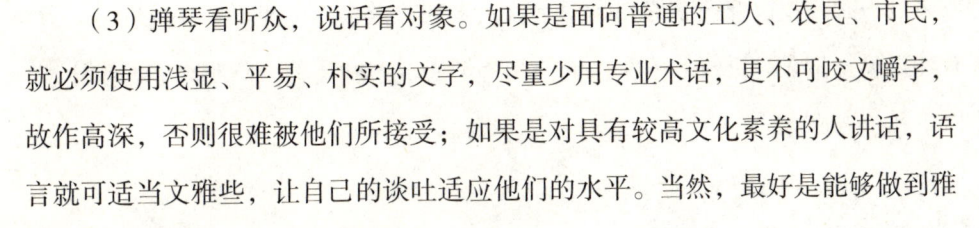

（3）弹琴看听众，说话看对象。如果是面向普通的工人、农民、市民，就必须使用浅显、平易、朴实的文字，尽量少用专业术语，更不可咬文嚼字，故作高深，否则很难被他们所接受；如果是对具有较高文化素养的人讲话，语言就可适当文雅些，让自己的谈吐适应他们的水平。当然，最好是能够做到雅俗共赏，那样会为你的演讲增添不少魅力。

（4）用词准确生动，富有表现力。语言要生动形象，有感情、有色彩，修辞要贴切，恰到好处。

（5）语言朗朗上口，节奏铿锵有力。最后，要试着朗读几遍，看看效果如何。比如，念起来是否上口，语气是否适宜，感情是否饱满，音韵是否和谐，节奏是否铿锵有力。

5. 注意篇幅的修改

演讲往往有一定的时间限制，修改时还须考虑篇幅的长短是否符合规定的时限。如果超过规定时限，应当压缩文字，删减篇幅；倘若不到规定的时限，如有必要，可以再适当增加些材料、扩充内容。最好是在保持内容完整的前提下，使内容具有一定的伸缩性。这样，临场时，可以根据听众的反应和时间的要求，随时作出灵活机动的调整。

修改是写讲稿的最后环节，也是提高讲话质量的重要途径。讲稿的修改过程，一方面能让演讲者进一步加深认识自己所讲的内容，另一方面也能让演讲者进一步选择并确认讲稿的表现形式。人们认识事物，总是在不断深化不断反复的过程中逐步达到主观认识与客观实际的统一。许多著名演讲家，都十分重视讲稿的修改。例如，美国总统罗斯福，每篇演讲草稿写出后，往往要修改十几次，到最后完稿时，有时甚至将第一稿中的话全改光了。他如此谨慎认真的起草和修改，在演讲史上已传为佳话。

小贴士

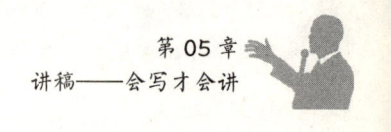

认真修改是讲稿趋于完善精美的条件，修改讲稿的方式和修改文章一样，要考虑主题、材料、结构、语言等各方面的因素，注意在深化主题矫正观点、增删材料、调整结构、推敲语言等诸方面多下工夫。既要有对总体内容构成方面的考查，也要有对遣词造句等细微之处的推敲。总之，要做到精益求精。

反复预讲，作脱稿演练

如果演讲时只是照念讲稿，当然不用动脑，不必费多大力气，而且表述比较准确，然而却难以做到生动、活泼，而且表现不出讲话者的风采，更不能根据听众的反应和情绪变化作出灵活积极的调整。如果讲话只是像背书一样一字不差地背出来，那么听起来会很不自然。如果能够做到既不需要背诵，也不需要读稿，而是能够条理清晰、流畅地作演讲，肯定会取得很好的效果。

那么，如何能够做到弃置讲稿，又不显得硬背讲稿？你需要掌握下面三个方面：

一、把讲稿变成自己的语言

一般说来，讲稿大多是比较规范、严谨的书面语言。书面语言写得再精彩，它也有别于口头语言，因此演讲者不能生搬硬套地使用那些生涩的书面语言，而要巧妙地把书面语言转化为自己的语言。书面语言太过于枯燥，缺少活力，这样的语言讲出来，讲话者自己也不会自然，且不利于你记忆。

如果你希望讲话的时候不使用讲稿而又不至造成难堪的局面，那么就需要你花点时间把讲稿变成自己的语言，并加以理解和消化。但是，在变成自己的语言的时候，切忌太过口语化，而应在遵循讲稿内容的基础上作适当的改动。

二、熟记提纲

提纲是整个讲话的总体思路和框架，只有按照这个提纲、围绕讲话的内容充分发挥，讲话思路才不会被打断和扰乱。由于在写讲稿的时候已经根据所讲内容及主旨列出了一个较为详细的提纲，因此这时候你只需要熟记提纲。然后在每个提纲下再记住一些关键词、关键句子以及重要的事例。

千万要记住你所要表达的意思，只要你把讲话内容全部都装进脑子里，并能用自己的话按照一定的顺序把所要讲的内容连接起来，就有助于你记住整篇演讲稿，到时候再临场发挥，就不会出现语塞、忘词的困境。

三、反复预讲

依据事先拟定好的提纲或讲稿，反复进行口头表达练习。你可以在练习的每一次都变换措辞，这样就可以更加牢固地记住演讲稿中的一系列观点。当你经过多次练习并对你自己的练习感到满意时，你就可以胸有成竹地走向讲台。这时候，讲稿的内容就会有条不紊地浮现在你的脑海中，令你用自己的语言流畅地表达出来。你在进行反复预讲的时候，还需要注意一些细节问题。

1. 如何让预讲接近正式讲话

预讲越接近正式讲话的内容，排练的效果会越好，让预讲接近正式讲话的方法有下面几种。

（1）预讲时要站着，大声讲。坐在写字台前反反复复地朗读讲稿，是与预讲相差十万八千里的。因为这种做法只能算是在"作某种准备"，而不是在进行熟悉真实过程的预讲。预讲时需要站着，大声讲，这样可以增添现场感，使你有种正式感、庄重感。

（2）在一个与正式讲话的房屋大致类型都相同的房屋或大厅里进行预讲。如果你能进入正式讲话时所用的房屋，那么你不妨在那里至少演习一两次。如果能够做到这一点，那么在进行正式讲话时，你就很容易因某种熟悉感和亲近

感而较快地找到感觉、进入状态，而你的讲话就已经有了一半的成功的把握。

（3）尽可能地在听众面前预讲。可以让你的亲人、朋友、秘书、同僚听你的预讲，听听他们的评价和建议。他们是否听明白了你所讲的内容呢？他们被你的演讲说服了吗？

2. 什么时候进行最后一次演练

最后一次演练越接近正式演讲越好，如果你需要在上午九点钟发表讲话，那么可以早上六点钟起来演练，这样在讲台上你对稿子就会像对一位密友一样熟悉。在讲台上，头一天没有演练过的讲稿会变得十分陌生，而在发言前预讲过的稿子会使你的思路更加清晰。

3. 怎样保持目光前视

经过反复的练习，你对稿子的内容应该很熟悉，因此你可以做到百分之九十的时间目视前方。在开头、结尾、提问、警告、激动的时候，眼睛都要抬起来，要对听众的关注作出反应。

小贴士

讲话从需要讲稿到需要提纲，再到不用讲稿和提纲，这是个循序渐进、熟能生巧的过程。这和做任何事情都是一样的，需要反复实践。当你经过反复练习、多次锻炼，有了演讲的经验，并且能够确信自己站起来演讲不会忘记需要讲的内容时，你就掌握了脱稿演讲的技巧。

第 06 章
准备——凡事预则立

　　一场精彩优美的演讲能给人以回味，征服所有的听众，这样一场精彩的演讲离不开演讲之前的准备工作。所以对于演讲者来说，演讲之前的准备工作尤其重要，它事关演讲的成败。

选择合适自己的演讲方式

演讲者在演讲之前一定要确定最合适的演讲方式，或者是照读式演讲，或者是背诵式演讲，或者是提纲式演讲，或者是即兴式演讲。你一定要依据不同的场合来考虑最佳的演讲方式，只有最合适的演讲方式才能为你的演讲增添几分精彩；同时，你可以依据最佳的演讲方式来做好一切准备工作。

而主要的演讲方式，不外乎下面四种。

1. 照读式演讲，也称读稿式演讲

演讲者只需要拿着事先写好的演讲稿，走上讲台，逐字逐句地向听众宣读一遍。讲稿的内容经过慎重考虑，语言经过反复推敲，结构经过精心安排，而话也讲得比较郑重，它适合于在重要而严肃的场合运用。如各级党代会、人代会、政协会议等大会报告，纪念重大节日的领导人讲话，外交部的声明等。它的缺点是照本宣科，影响演讲者与听众之间思想感情的交流，一般场合采用这种演讲方式是不会受到听众欢迎的。

2. 背诵式演讲，也称脱稿演讲

演讲者事先写好演讲稿，反复背诵，背熟后上讲台，脱稿向听众演讲。这种演讲方式比较适合于初学演讲者，它可以在一定程度上检验和培养演讲者的演讲能力。它的缺点是不便于演讲者临场发挥，使听众觉得矫揉造作，一旦忘词，就难以继续。所以，运用这种演讲方式，必须作好充分准备，语言尽量口语化，表达自然，切忌有表演的痕迹。

3. 提纲式演讲

演讲者只把演讲的主要内容和层次结构，按照提纲形式写出来，并借助它进行演讲，而不必一字一句写成演讲稿，它的特点是能够很好地避免照读式演讲和背诵式演讲的缺点。演讲者可以根据几条原则性的提纲进行演讲，比较灵活，便于临场发挥，真实感强。同时，它还具有照读式演讲和背诵式演讲的优点，那就是事先对演讲的内容有充分准备，可以有一定的时间组织材料，考虑演讲要点和论证方法。

提纲式演讲只需要提纲挈领地把整个演讲的主要观点、论据、结构层次等用简练的句子排列出来，作为演讲时的提示，靠它引导思路，这样的方法是初学演讲者进一步提高演讲水平的行之有效的一种演讲方式。

4. 即兴式演讲

演讲者预先没有充分准备而临场生情动意所发表的演讲，它是一种难度最大、要求最高、效果最佳的演讲方式。演讲者可以根据实际情况，针对听众的心理和需要，灵活机动，迅速调动语言的一切积极因素，其生动、直观以及形象的感染力，是其他各种演讲方式都无法比拟的。而这样演讲方式需要演讲者在德、才、学、识、胆多方面具有很高的修养，以及很强的记忆力、丰富的想象力和联想力、敏捷的思维能力、大量的词汇和材料储备。

如果不具备这些条件，就使用这种演讲方式，不仅不会取得理想的演讲效果，往往还会出现信口开河、漫无边际、逻辑混乱、漏洞百出的现象，这样反倒影响了演讲的效果。

如果你选择照读式演讲，那么一定要确定是在比较庄重、严肃的场合，或者是在重大的节日你作为领导出席讲话；如果你选择脱稿式演讲，那么可以培养自己的演讲能力；如果你选择提纲式演讲，那么可以进一步提高你的演讲水平，并能发挥较好的效果；如果你选择即兴式演讲，那么你一定要具备较强的记忆力、丰富想象力、敏捷的思维能力，掌握大量的材料等这些条件，才能使你发挥最高水平。

小贴士

演讲者可以依据你所处的场合、时机以及你所面对的听众，选择最合适的演讲方式，这样才能发挥出最佳水平。无论是选择哪种演讲方式，一定要是最合适你的。

作好第一次公开讲话

公开讲话无疑是把自己的形象完全地展现在公众面前，公开讲话是演讲者综合素质的一面镜子，也是衡量演讲者能力和水平的一把尺子。那么，第一次公开讲话的时候，应该注意哪些问题呢？

1. 良好的形象表现在服饰方面

第一次公开讲话，你的良好形象就表现在服饰方面。俗话说："人靠衣装马靠鞍""佛靠金装，人靠衣装"。服饰是否得体对一名演讲者的外表形象有直接影响。

2. 讲话前切忌喝刺激性饮料

第一次公开讲话前，不要喝那些刺激性、含碳酸的饮料，一则对自己的嗓子不利，二则会让你口气不清新自然。试想，谁愿意听一位嗓子沙哑、带着浓重口气的演讲者讲话？你可以在讲话之前喝一杯牛奶，它不仅可以很好地保护你的嗓子，使你的嗓子变得滋润，而且能安抚你的紧张情绪，使你平静下来。如果你感觉自己口气不那么自然，你可以随身带一盒口香糖，在讲话之前先嚼一片口香糖，给你带来清新的口气。

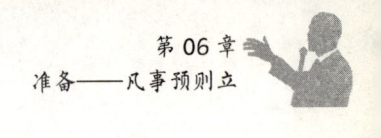

3. 为自己准备一杯水

演讲者在讲话的时候，要事先为自己准备一杯白开水，当然，如果会场有提供的茶水，就不用了。如果你在讲话过程中感到嗓子很干，你可以适当地停下来，翻一下你的讲话稿或是扫视下面的听众，这可以很好地使你的嗓子有一个短暂的缓冲期。但最好的办法还是为自己准备一杯白开水，放在手边，如果嗓子发干，就可以顺手端过来喝，以确保自己的嗓子能够发出清晰、有力的声音。

4. 讲话过程中要适当有一些手势

第一次公开讲话，心理难免会有点紧张，这时候你不妨通过自己的手势来缓解自己的紧张。要使自己手掌向上，整个身体表现出一种很放松的状态。有的学者说："为了强调某个重要的观点，手势能缩短你和听众之间的距离。"演讲者采用的手势应与谈话的主题相适应，打手势也要注意空间的大小，另外还要明白各种手势的含义。平掌摇动通常表示不同意；手指敲桌子可以表示谢谢；双手搓动可表示高兴或着急……在谈话中可以借助手势加强语意，手指可表示数量、赞扬、批评、肯定和否定。打手势时切忌手势幅度过大，过于夸张。你在讲话的时候，应牢记下面这些动作的含义。

手指语言："大拇指"动作一般表夸奖、很好，但有时也会表高傲的情绪；"十指交叉"一般表自信、敌对情绪、感兴趣；"背手"可给自己壮胆，镇静，也表自信，但有时候是种狂妄表现；"手啄式"表示不礼貌的动作，本身就有一种挑衅、针对和强制性。

手掌语言："手掌向前"表示拒绝、回避。

手臂语言："手臂交叉"表示防御；"交叉握拳"表示敌对；"交叉放掌"表示有点紧张并在努力控制情绪；"一手握另一只手上臂，另外一只手下垂"表示缺乏自信。

5. 声音

不管自己的讲话稿有多长，都要保持自己浑厚有力的声音，这会在一定程度上提起听众的精神。同时，讲话要有节奏，该快的时候快，该慢的时候慢，该起的时候起。这样有起伏，有快慢，有轻重，才能形成口语的乐感使之悦耳动听。

节奏是口语中有带规律性的变化，有了这个变化语言才生动，否则就是呆板的。同时，要注意防止手舞足蹈，举止轻浮，声嘶力竭，甚至唾沫星子满天飞，这样很不雅观，给人一种很不理智、很不稳重的感觉。

6. 表情

每个人都有面部表情，脸上的每个细胞、每个皱纹、每个神经都表达某种意愿、某种感情、某种倾向，面部表情是人的"晴雨表"。人的面部表情贵在四个字：自然、真挚。面部是思想的"荧光屏"，讲话的时候，面部表情要自然、真挚；另外，不管你所讲的内容有多严肃，都要记得面带微笑。

小贴士

第一次公开讲话，如果能够讲得生动精彩，引人入胜，打动人心，无疑会给听众留下难以忘怀的印象。若第一次公开讲话便大获成功，可以塑造良好的个人形象，提高自己的威信，增强权威，有效地促进各项工作的开展。

脑中闪现"演讲结构图"

演讲者在演讲之前，脑中一定要有一个清晰的"演讲结构图"，也就是要对演讲内容进行有效的预设。如果你的演讲预设完备充分，那么就能使演讲在

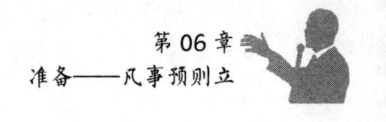

很大程度上井然有序，令自己畅所欲言，尽情发挥，而其他方面也自然会水到渠成。这就需要你在演讲之前，在心中有一个较为完备的预案，如此才能使你的演讲万无一失。

但是当你做好了一切演讲准备工作的时候，你已经没有太多的时间一一地为你的演讲作预设了，这就需要一定的技巧。

一、开场白

演讲词的开场白应该短小精巧，新颖诱人。出语不凡的开头，能唤起听众的兴趣和求知欲，产生巨大的吸引力，紧紧抓住听众的心，这样就能使听众非听下去不可。精彩的开头，画龙点睛，勾勒提要，并且能自然顺畅地引领下文，把听众带进声情并茂的演讲情景中去，造成有利于接受演讲观点的心理定势。

演讲的开头，在通篇演讲中处于领先的特殊位置，在演讲者和听众之间架起一座沟通思想情感的桥梁，为演讲的成功开辟道路。好的开头，能为全篇演讲定下基调，或是庄重严肃，或是喜庆欢快，或是诙谐幽默，往往一开始就给人以清晰、深刻的印象。

二、内容阐述

演讲者在作内容阐述时，通常都是列出几个大的框架，或者是分几个问题来分别陈述的。而在这其中的演讲内容，应该突出演讲的主题和要点，所以你在预设"演讲结构图"的时候，应该注意下面三个问题，这些关键性的问题可以帮助你在演讲的时候详略得当，突出重点，也更利于听众接受。

1. 对谁讲

你可以对自己提几个问题：听众是谁？需要演讲多长的时间？这次演讲的目的是什么？而最后一个问题是相当重要的，它可以帮助你找到你演讲的本意。而你回答了这三个问题之后，你就可以确定你所讲的话能够针对听众的需要并且能够帮助你达到目的。你可以删除那些不必要或不适当的信息，缩短准备时间；你可以选择一些听众能听懂的词汇；你可以预测听众提出的问题或者反对意见；你可以依据演讲主题迅速调整演讲的内容。

2. 演讲的主题

在预设"演讲结构图"的时候，一定要重新确认一下你演讲的主题，找出一个重点突出、直接明了的主题。一般来说，演讲者通常都会试图传达更多的信息，希望能在听众的心中留下深刻的印象。只是有时候，因为你传达的信息太过繁杂，反倒使听众招架无力，不知所措。所以，如果你希望达到最佳的效果，你可以帮助他们理解你所表达的内容，突出鲜明的主题，易于他们分析和牢记。

3. 演讲的要点

你可以将你要表述的内容列为提纲，这样不仅可以帮助你预设"演讲结构图"，还可以帮助你保证听众听得轻松并明白你传递的讯息。这时候，你可以借助视图工具来使要点清晰、轻重有序并增添变化。但不要只是简单地读一下屏幕或图表上的文字，还需要增强你的感染力，使你的演讲更加自然流畅，一定要让视图工具为你的演讲添姿增色。

三、重申与回顾

演讲快结束的时候最常用的方式，就是用极其精练的语言，总结收拢全篇的主要内容，概括和强化主题思想。重申、回顾地总结演讲内容，能起到提醒、强调的作用，给听众留下深刻的印象。除非演讲非常简短，否则建议你在快要结尾的时候，再一次清晰陈述你的主题和主要思想。

四、结束语

有了精彩的开场白，自然需要同样精彩并耐人回味的结尾，才能给听众一个完整而深刻的印象。特别是演讲场合是宴会或其他聚会，而演讲又被安排在活动快结束的时候举行时，那么戏剧性、幽默的结束语能让听众的精神得到鼓舞，同时使你的演讲熠熠生辉，余味长存。

第06章
准备——凡事预则立

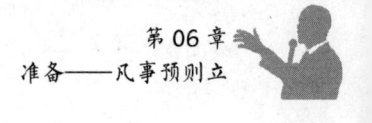

一般来说，成功的演讲整体追求真理的启迪、感情的激发、艺术的感染等效果。隽永是其格调上的体现，而你在选择结束语的时候，你可以通过温和的幽默力量来述说一个事实，或表达一句妙语，或向听众道声祝福，这样就会唤起听众会心一笑。

小贴士

即使花了大量的时间准备也并不意味着你已经胸有成竹，但是只要你掌握了技巧，就能在很短的时间里预设"演讲结构图"。其实，无论是演讲、主持会议还是小组讨论，你都可以按照开场白、内容阐述、重申与回顾、结束语这四大方面来准备，这样就能确保你的演讲获得成功。

技巧记忆，实现脱稿演讲

英国前首相丘吉尔的演讲口才是人所共知的，但他刚开始演讲时和很多人一样，经常感到非常紧张。有一次，他在议会发表演讲，刚讲到一半，忽然忘了下文，却又怎么也想不起来，憋得面红耳赤、冷汗直流，无奈之下只好中断演讲，尴尬地回到自己的座位上，这次脱稿演讲就这样失败了。这其中有很多原因，可能是他过于紧张，可能他是没有掌握脱稿演讲的方法。

如何能够使自己脱离讲稿，作一次精彩的背诵式演讲呢？也许有人说，脱稿演讲不就是背诵吗？其实不然，我们要求的背诵，一是要"背"，二是要"诵"。这种训练的目的有两个：一是培养记忆能力，二是增强口头表达能力。这就需要抓住一切机会，运用恰当的方法刻苦磨炼，这也是演讲口才家们取得成功的一条重要经验。

你可以通过下面六种方法来对讲稿进行记忆，使你能够作好脱稿演讲。

1. 画图记忆

画图记忆是记忆讲稿的一种最简捷的方法，最适宜演讲者使用。图画是具体而形象化的作品，也是最便于记忆的，尤其是自己画的图画。你可以把演讲稿的内容用图画画出来，并把演讲稿的提纲、每一部分都用图画很好地联系起来，画好后，标上先后顺序，仔细看看，并牢牢记住所标记的顺序。当你站在台上演讲的时候，这些图画就会有条不紊、清晰地浮现在你的脑海里。然后你就可以把这些图画转化为讲稿，畅所欲言了。

2. 意义记忆

心理学家们认为：思想和言语的表达有着不可分割的紧密关系，思想是言语表达的基础，而言语表达其实就是思想的外化形式。一篇优秀的演讲稿，总是有着明确的思想内容和较为鲜明的主题。

因此，记忆演讲稿，就需要从讲稿的意义入手，只要你把握了主题和中心思想，并且找出了各部分"意义的据点"，提纲挈领，再添枝加叶，就可以在此基础上把全篇讲稿内容轻松地装入大脑。等到演讲的时候，只需要回顾这些意义，就可以将鲜明的主题和中心思想脱口而出。

3. 结构记忆

虽然从语言体裁上看演讲稿是具有叙述格调和文学色彩的，但是单单从演讲稿提纲上看，它就属于论文范畴。而对于一篇议论文来说，通常离不开提出问题、分析问题、解决问题这三大板块。你可以按照这样三个部分来记忆：先提出了什么样的问题，然后又是从哪些方面来分析的，最后问题是通过什么样的方法来解决的。只要你在大脑里重新建构好这三个框架，你就牢牢地掌握了讲稿的章法结构，就可以很有效地帮助记忆整篇讲稿。

4. 情感记忆

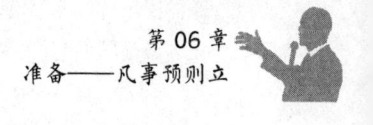

情感记忆这个方法就像是演员背台词一样，在记忆讲稿的时候，让自己进入角色。心理学家认为："情感主要是和大脑两半球的活动联系着的。"而引起各种情感的条件刺激既有现实的第一信号，又有现实的第二信号，也就是以词为条件的刺激物。因此可以说，言语是有表情性的。

演讲稿中，有一些内容是具有深厚的感情色彩的，它往往能引起演讲者的喜怒哀乐、好恶爱憎。你在记忆演讲稿的时候，要特别注意这些带有感情色彩的词语、句子，使自身的语气、音量、语速和态度都不同于一般，这样就很容易记住了。

5. 机械记忆

机械记忆就是没有含太多技巧性的记忆，这在演讲中有些地方是需要的，同时，它也是最常见的记忆方法。如在演讲中的一些人名、地名、历史年代、数字等，都需要靠机械记忆。但是机械记忆并非只能死记硬背，它也可以采取灵活的方法。比如你可以用对照法记忆历史事件，另外，你还可以运用谐声、会意等手法，缩小记忆对象的信息量，来达到巧妙记忆的目的。

6. 连锁记忆

连锁记忆就是把记住的各个事物用联想连接起来，联想越是古怪，记忆就越清楚。环环相扣记忆无限，连锁法一个非常重要的部分就是它具有环环相扣的特点，可以连接5个、10个，甚至100个、200个乃至更多资料。就如同唱歌，很多年没唱过的歌，只要能哼出旋律，后面的歌词就会朗朗上口。

在日常生活中有很多机会可以运用到连锁法。坐地铁时我可以非常轻松地用图像来联想站名。从第一站联想到第二站、第三站、第四站……体会发现坐在那里就可以轻松联想出整条线路。一般来说，每天有四个记忆高潮点，是记忆的最佳时期：一是早晨起床后；二是上午8~10点；三是傍晚6~8点；四是在临睡前1~2个小时。

小贴士

很多演讲者尽管有当众演讲的准备能力，但是因为忙于很多事情，所以大多时候苦于记不住自己讲稿的内容，以至于很多时候都需要拿着稿子念，将原本一个很好的发言稿，念得呆板无味、毫无生气。所以，在必要的时候，花一些时间和精力，把演讲稿记住，无疑能够提高演讲者讲话的影响力。

第 07 章
开场——拒绝平庸求创新

俗话说，良好的开端是成功的一半。这句话用来说明优秀演讲开头的功用颇为适宜。精彩的开场白可以起到创造良好气氛，激发听众兴趣，说明演讲主题的作用。演讲者应根据不同场合、不同话题和不同对象，选择适合自己的开场白。

开场白是演讲成功的一半

开场白，顾名思义，就是开场时所说的话。开场白说得不好就等于白开场。俗话说"好的开始是成功的一半"，所以说开场白非常重要。对于参加演说的演讲者而言，开场白是自己和听众之间的第一座桥梁。演讲开场白最不易把握，要想三言两语抓住听众的心，并非易事。

如果听众在演讲开始时就对你的话不感兴趣，注意力分散，那后面你再精彩的言论也将黯然失色。因此演讲者只有作出一个匠心独运的开场白，以其新颖、奇趣、敏慧之美给听众留下深刻印象，才能控制场上的气氛，在瞬间里集中听众注意力，从而为接下来的演讲内容顺利地搭梯架桥。

1990年，中央电视台邀请台湾影视艺术家凌峰先生参加春节联欢晚会。当时，许多观众对他还很陌生，可是他说完那妙不可言的开场白后，一下子被观众认同并受到了热烈欢迎。

"在下凌峰，我和文章不同，虽然我们都获得过'金钟奖'和'最佳男歌星'称号，但是我是以长得难看而出名的……所到之处呢，观众给予我们很多的支持，尤其男观众对我的印象特别好，因为他们认为本人的长相很中国。中国五千年的沧桑和苦难全都写在我的脸上。一般来说，女观众对我的印象不太良好，她们认为我是人比黄花瘦，脸比煤炭黑。"

这一番话嬉而不谑，妙趣横生，观众捧腹大笑。这段开场白给人们留下了

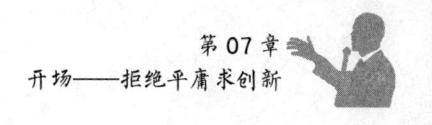

非常坦诚、风趣幽默的良好印象。不久，在"金话筒之夜"文艺晚会上，只见他满脸含笑，对观众说："很高兴又见到了你们，很不幸又见到了我。"观众报以热烈的掌声。至此，凌峰的名字传遍了祖国大地。

那么，在实际演讲中，一个精彩的开场白需要具备几个要素呢？在这里，你需要遵循以下几个原则：

1. 交代演讲要点或演讲的基本结构

这种方式使听众一开始就能从总体上把握演讲的大致内容、纲目等，能使得听众听起来脉络分明，更容易把握演讲内容。

演讲的内容要点，往往体现了演讲的基本结构。这种开头，一方面便于演讲者搞好演讲总体布局，理顺头绪，条分缕析；另一方面对听众把握演讲要点、轮廓和演讲者的思路有很大好处，使他们不至于如堕云里雾里。

2. 说明演说目的

美国快递公司主席詹姆斯·鲁滨逊三世在短短的 15 秒钟内便把他的演说目的陈述给听众：

女士们，先生们，早上好。谢谢大家给予我这个露面机会。美国广告联盟是美国传播工业的一个重要组成部分。当前，美国传播工业还面临许多问题，而重担则落在大家的肩上。我今天演说的目的便是就这些问题及它们呈现出的挑战谈谈我的看法。

在大多数情况下，演说的开头应揭示出演说的目的。如果做不到这一点，那便很难让听者有继续听下去的欲望。

3. 沟通演讲者与听众的情感

在一次欢迎加拿大贵宾的宴会上，加拿大总理特鲁多致辞说：

昨天我观赏了香山枫叶，使我想起了我们国家美丽的秋天。那枫叶也是我国秋天的美景，大家知道，枫叶还是加拿大国旗上的图案。我请大家尝尝宴会上的糖果，它是从枫叶中提炼出来的，是不是和北京东风市场上的果脯一样甜蜜？

这样的讲话开头典雅、优美，尤其注意到以两国相通的事物来沟通演讲者和听众的情感，具有沁人心脾的最佳效果。

4. 安定听众，控制会场

毛主席在《中国人民站起来了》是这样开头的：

诸位代表先生们，全国人民所渴望的政治协商会议现在开幕了。

而在《整顿党的作风》演讲中是这样开头的：

党校今天开学，我庆祝这个学校的成功。今天我想讲一点关于我们党的作风的问题。

前一个开头语先有对听众的称呼语，接着开门见山，宣布会议的名称和开始。

《整顿党的作用》开头语先提出讲话的缘由，表示对会议的祝愿，接着提示这次讲话的基本内容。这两个开头虽然简短，却能够起到镇场的作用，使听众以良好的心理准备，聚精会神地听取演讲者的发言。

的确，在演讲的场合，尤其是在人数较多的情况下，听众都有自己的"小动作"，都各有所思，要把听众引入演讲的场景，集中神思，不仅要依靠主持者，也要靠领导者作好"呼唤"。

小贴士

演讲的开头，在通篇演讲中处于领先的特殊位置，在演讲者和听众之间架起一座沟通思想情感的桥梁，为演讲的成功开辟道路。好的开头，是演说成功的一半，能为全篇演讲定下基调——是庄重严肃，还是喜庆欢快，抑或诙谐幽默，往往一开始就给人以清晰的印象。

第 07 章
开场——拒绝平庸求创新

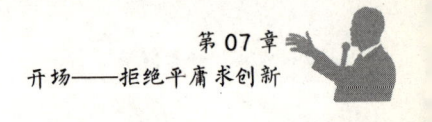

精彩的开场可以营造热烈氛围

精彩的开场白可以起到创造良好气氛，激发听众兴趣，说明演讲主题的作用。演讲学界曾有人指出：如果没有一个好的开头，想在整个演说过程中始终做到轻松、巧妙地与听众交流思想，是颇为困难的。

俗语说："良好的开端是成功的一半"，这句话用来说明优秀演讲开头的功用颇为适宜。因此，要进行演说的演讲者，不仅要对演说开场引起重视，更要懂得如何开场才能挑起听者的兴致，从而使自己的演说在"掌声"中顺利进行。

可能很多演讲者都明白，文章开头最难写。同样道理，演讲的开场白也最不易把握。其原因有二：一是站在众多人的面前，即使准备充分，但也会紧张、怯场，一时不知从何说起，这样难免导致整场演讲的失败。二是即便演讲者没有怯场，但如果表现平平，没有在一两分钟内"震住"听众，这样的演讲也很难有十分理想的效果。

因此，开场白只有做到匠心独具，以其新颖、奇趣、敏慧之美给听众留下深刻印象，才能控制场上气氛，集中听众注意力，从而为接下来的演讲内容顺利地搭梯架桥。

演讲开头成败的关键在于能否吸引并集中听众的注意力。演讲时获取听众注意力的方式随题材、听众和场景的不同而改变，一般可以运用事例、轶闻、经历、反诘、引言、幽默等手段达此目的。那么，具体来说，演讲者怎样使演讲的开场白"精彩"起来呢？

1. 放下架子，自我解嘲

自嘲就是"开自己的玩笑"，对此，需要演讲者在演说过程中放下架子，运用诙谐的语言巧妙地自我介绍，这样会使听众倍感亲切，无形中缩短了与听众间的距离。

079

营销讲师金克言先生在一次有近千名观众参加的演讲会上准备演讲，可台下只响起了稀稀拉拉的掌声。于是他说："从大家的掌声中可以发现两个问题：第一，大家不认识我；第二，大家对我的长相可能不太满意。"几句话缩短了与听众的距离。台下大笑，掌声一片，反应强烈多了。他接着说："大家的掌声再次证明了我的观点！"话音刚落，台下笑得更厉害了，又是一阵热烈的掌声。这个开场白既活跃了场上气氛，又沟通了演讲者与听众的心理，一箭双雕，堪称一绝。

2. 奇谈怪论，吸引眼球

演讲与一般的交流沟通不同，那些平庸、普通的语言与观点也许都不能引起听者的兴趣。对此，演讲者在演说前，如能做一番准备工作，找出与众不同的论调，必能出奇制胜，造成"此言一出，举座皆惊"的艺术效果，会立即震撼听众，使他们蓦然凝神侧耳细听，寻求你的讲话内容，探询你演讲的目的。

钱钟书先生的小说《围城》中有一段故事，写方鸿渐到本县省立中学发表演讲，事先精心准备了讲稿，可是到场后却发现稿子不在手边，急也没用呀，听众已经在热烈鼓掌，方鸿渐只好上场了，出人意料的是，这开场白却来得很精彩——吕校长，诸位先生，诸位同学：诸位的鼓掌虽然出于好意，其实是最不合理的。因为鼓掌表示演讲听得满意，现在鄙人还没开口，诸位已经满意得鼓掌，鄙人何必再讲什么呢？诸位应该先听演讲，然后随意鼓几下掌，让鄙人有面子下台。现在鼓掌在先，鄙人的演讲当不起那样热烈的掌声，反觉到一种收了款子交不出货色的惶恐。

听了方鸿渐的开场白，听众大笑，记录的女孩也含着笑，走笔如飞。

应该说，方鸿渐的开场白获得了极大的成功。为什么？当听众鼓掌后，却他一反众人常有之态，先假意否定听众鼓掌，引起观众兴致。于是，听众想弄清"为什么我们的鼓掌其实是最不合理"，而方鸿渐的解释既出人意料，又新颖别致，自然深受观众喜爱。这段开场白，机智绝妙！

需要注意的是，运用这种方式应掌握分寸，弄不好会变为哗众取宠，故作耸人之语。应结合听众心理、理解层次出奇制胜。再有，不能为了追求怪异而大发谬论、怪论，也不能生硬牵扯，胡乱升华。否则，极易引起听众的反感和厌倦。须知，无论多么新鲜的认识，始终要建立在正确的主旨之上。

3. 贴切引用

演讲的开头如果能恰到好处地引用大家不大熟悉的格言警句或诗词佳句，再加以解释，从而顺利入题，这样的演讲就会有声势有威力，能迅速抓住听众。

一次，演说家李燕杰去首都一家大医院演讲，开端就朗诵了他创作的一首诗：

每当我忆起那病中的时光，

白衣战士就引起我深情的遐想。

他们那人格的诗，

心灵的美，

还有那圣洁的光，

给了我顽强生活的信心，

增添了我前进的力量！

随着朗诵的进行，看书的人逐渐抬起了头，说话、走动的人也停了下来，当朗诵完最后一个字时，全场也掌声大作。

恰倒好处的引用，不仅新颖，而且拨动了听众的心弦，说出了他们的心声，所以能引起共鸣。

当然，吸引听众的方式有多种，有的是在开头采用幽默语、形象语、发问语、警句、格言、典故、谚语等以引起听众的兴趣；有的语言朴实无华，但提出的是党和国家的重大问题；有的则充满激情，具有振奋人心的作用。作为演讲者，我们可根据具体的演说主题，设计好一个新颖别致的开场，一开口就抓住听者的"神经"，从而赢得一片掌声！

小贴士

一个有演讲经验和演讲学识的演讲家，通常都非常重视演讲开头的设计。理由很简单：演讲开头是演讲者向听众出示的第一个同时也是最重要的信号，能否抓住听众的注意力，引发听众的兴趣和积极性，就取决于这最初发出的信息。

开门见山，及时抓住听众的兴致

在公共场合讲话、演说，为的就是起到启迪人心的作用，演讲者的演说能否在开场就抓住听者的兴致，对于对方能否接受自己的观点至关重要。因此，演讲者在确定了演说的主题之后，首先应当考虑的，便是这个主题如何进行阐述，如何尽快用自己对主题的兴趣引发出听众同样的兴趣，如何以自己对题目的感觉和热情去点燃听众内心的感觉与热情之火，如何以自己对主题的精深理解去启迪听众随着这思路一道共鸣和思索。这些，都关乎演讲的成败。

在众多的开场设计中，有一种直击要害的方式，那就是开门见山式。毛主席在《改造我们的学习》的演讲中，开头就说："我主张将我们全党的学习方法和学习制度改造一下。"这个开场白，开宗明义，揭示演讲的基本内容和主旨，紧接着揭示下文将要说明改造学习方法和学习制度的理由，以引起听众的注意。

在美国会计协会罗切斯特分会的一次演讲中，演说者唐纳德·罗杰斯通过表达他对听众需要的关心而激发起了他们的兴趣：

我今晚要演说的题目是《信息的透露》。确定这个题目之前，我先是查阅了本地的会计年鉴分册和全国会计协会的学术专刊，然后又询问了我的同事亚历克斯·莱文斯顿和戴夫·汉森："今晚来听演说的人都有哪些？他们希望我讲什么？"他们告诉我在座的各位都是些很热心的人，希望我的演说有趣而富有启发性。因此，我将告诉大家一些有用的知识，我也同时希望我的演说简明扼要，并留给大家一定的提问时间。

有时候，听众是很"自私"的，他们只有在感到能从演说中有所收获时才会专心去听演说。演说的开头应正面回答听众心中的"我为什么要听"这一问题。而唐纳德·罗杰斯在开场中就向听众展示了这一点，因此，他找到了与听众继续沟通的门道。

那么，演讲者该如何灵活运用开门见山式的开场方式呢？

1. 入题要快

演讲者欲使听众尽早进入状态，接受自己的言论，就必须重视入题的速度和方式两方面的安排。既要"开门见山，一针见血"，这就是"快"；又要有逻辑上的悬念、起伏和跌宕。

这里，强调入题要快，并不是说所有入题都以"开门见山"这样"直"的方式为佳。其实，有时候入题更需要讲求一定的曲折和委婉，尤其要讲求一点逻辑悬念，方才有利于入题的引人入胜。因此，有时候，演讲者不妨在言辞上多下点工夫，以悬念抓住听众心理，引起他们的注意和重视。

有一篇叫作《人呵，认识你自己》的演讲，其主题是"人与社会和自身的关系"。可是一开始，演讲者并不直接挑明这个题目，而是先援引恩格斯的话，讲了个"司芬克斯之谜"的引子："大自然——司芬克斯向每个人和每个时代提出了问题……"继而话锋一转，问道："那么人类呢？人和人类社会有什么难题呢？"最后他自己答道："人类面对着的有三大难题：人生、社会和人自身。"这就是"转折式入题"了，它使演讲者的入题显得有些跌宕，有些波澜甚至悬念，不平铺直叙，自然能引起听众的关注与兴致了。

2. 观点鲜明

演讲者在选用开门见山这一开场方式时，就要观点鲜明。演讲观点鲜明，显示着演讲者对一种理性认识的肯定，显示着演讲者对客观事物见解的透辟程度，能给人以可信性和可靠感。演讲稿观点不鲜明，就缺乏说服力，就失去了演讲的作用。

3. 感情真挚

演讲者在开场的时候，只有演讲言辞具有真挚的感情，才能打动人、感染人，有鼓动性。因此，它要求在表达上注意感情色彩，把说理和抒情结合起来。既有冷静的分析，又有热情的鼓动；既有所怒，又有所喜；既有所憎，又有所爱。当然，这种深厚动人的感情不应是"挤"出来的，而要发自肺腑，就像泉水喷涌而出。

马丁·路德·金的《我有一个梦》的演说，为了点明题旨以增强感染力，反复"描述"了"我梦想有一天"的情景，每一个情景就是一个镜头，连续组成主观与客观相融为一体的连续不断的"画面群"，既强烈地渲染主题，实际上也是一种颇为艺术的点题方法。

4. 语言流畅，深刻风趣

演讲者若想把在头脑里构思的一切都写出来或说出来，让人们看得见、听得到，就必须借助语言这个交流思想的工具。因此，语言运用得好还是差，对演讲影响极大。要提高演讲稿的质量，不能不在语言的运用上下一番功夫。

对此，我们不妨运用：

一是使用点出主旨的警句，以起到"余音绕梁"的效果。

在演说开头使用警句，不仅新意盎然，而且颇有深刻寓意，仿佛黄钟轰鸣，余音不绝于耳。

这里，警句得来并不容易，但是，如果演讲者能做到将情感倾注到演讲中，并注意语言艺术的运用，那么你的演讲语言一定具有吸引力和感染力。

二是艺术地运用熟语，以使听众受到感染并乐于接受自己的观点。

熟语，包括成语、民谣之类，通俗易懂，人们耳熟能详。因此，演讲者切

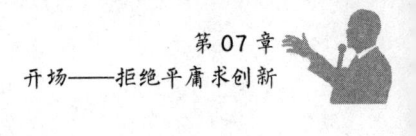

不可视之为下里巴人而妄加轻视与贬低；相反，很多时候熟语在演讲中也能起到"阳春白雪"的作用。如果演说时演讲者能对此加以艺术的改造和利用并糅进其他修辞手段加以强化，便有可能赋以新意并铸成警句，从而给人以艺术享受与心灵震动。

总之，在演说过程中，使用经典的开门见山式的开场方式，能迅速将听众带入规定情境和思路中去。

小贴士

开宗明义、开门见山，是中国传统的作文法，也符合听众一般的心理要求。有的演讲开头注意使听众具有一定的心理准备，从而与演讲者建立协调和谐的联系。

悬念式开场，激发听众的好奇心

可能很多演讲者在演说过程中都有这样的感触：一上台就开始正正经经地演讲，会给人生硬突兀的感觉，让听众难以接受。而如果能在开场时卖卖关子，则能迅速吸引听者的注意力。这就是演讲过程中的悬念。演讲中的悬念是指听众的一种心理活动，这种心理的产生基础是听众对某种事物的认识有个大概的了解，但现在演讲者向听众传达的则是已经变化了的事物，他们对此产生了关心的情绪，进而把想探个究竟的想法急切地表达出来。

人们都有好奇的天性，一旦有了疑虑，非得探明究竟不可。在开场白中制造悬念，能激发听众的强烈兴趣和好奇心，在适当的时候解开悬念，使听众的好奇心得到满足，也使演讲前后照应，浑然一体。

可以说，悬念是打开演讲者成功演讲之门的金钥匙，这种心理活动的过程，如果能被演讲者在演讲时恰当利用，就会使听众听完后产生一种愉悦感，真切理解演讲者的意图。

有一次，陶行知先生在武汉大学演讲。他走上讲台，不慌不忙地从箱子里拿出一只大公鸡，台下的听众全愣住了。陶先生又从容不迫地掏出一把米放在桌上，然后按住公鸡的头，强迫它吃米，可是大公鸡只叫不吃。他又掰开鸡的嘴，把米硬往鸡嘴里塞，大公鸡拼命挣扎，还是不肯吃。最后陶先生轻轻地松开手，把鸡放在桌子上，自己向后退了几步，大公鸡自己就吃起米来了。全场鸦雀无声，听众的胃口被吊了起来。这时陶先生则开始了演讲：

我认为，教育就跟喂鸡一样，先生强迫学生去学习，把知识硬灌给他，他是不情愿学的。即使学也食而不化，过不了多久，他还是会把知识还给先生的。但是如果让他自由地学习，充分发挥他的主观能动性，那效果一定会好得多！

这时，全场掌声雷动，听众不禁为陶先生精彩形象的演讲开场白叫好。

陶行知在这次演讲中，就是以展示物品开头的。因为每个人都有好奇的天性，心中一旦有了疑团，非得探明究竟不可。为了激发起听众的强烈兴趣，可以在讲话之前，先拿出一件物品，这样肯定会让在座的听众挺直身子。他们会猜想：他要表演魔术吗？这就引起了听众的好奇心。展示的物品可以是一幅画，一张照片或任何一件其他实物，只要有助于讲话者阐述思想，就能引起话题。

除了展示物品法设置悬念外，演讲者在演讲开场时使用的悬念的方法还有：

1. 故事导入法

演讲者演讲开始讲一个亲切感人的逸闻趣事，以此制造悬念吸引听众的注意力，所讲故事如果是亲身经历的，效果会更好。可供使用的故事一般有两类：幽默的故事和一般的故事。但使用幽默的故事时一定要注意，讲话者需有幽默的秉赋，切不可平淡、呆板；而后一类故事，可以是现实生活中的轶事趣闻，也可以是中外历史上有影响的事件。无论使用哪一类故事，都应和自己的谈话内容相衔接。

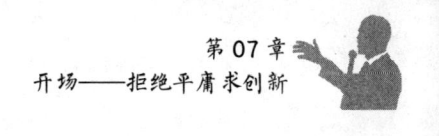

1962 年，82 岁高龄的麦克阿瑟回到母校——西点军校。里边的每一种东西，都令他眷恋不已，浮想联翩，仿佛又回到了青春时光。在授勋仪式上，他即席发表演讲，他这样开的头：今天早上，我走出旅馆的时候，看门人问道："将军，你上哪儿去？"一听说我到西点时，他说："那可是个不错的地方，您从前去过吗？"这个故事情节极为简单，叙述也很平淡，朴实无华，但饱含的感情是深沉的、丰富的。既说明了西点军校在人们心中非同寻常的地位，从而唤起听众强烈的自豪感，也表达了麦克阿瑟对母校那种深深的眷恋之情。

接着，麦克阿瑟不露痕迹地过渡到"责任——荣誉——国家"这个主题上来，水到渠成，自然妥帖。

2. 即景生情法

演讲者演讲时，不妨以眼前的人、事、物、景为话题并加以引申，把听众的注意力不知不觉地引入演讲之中。当然，这个话题最好能生动有趣。这样即兴发挥，能给人耳目一新的感觉。

当然，即景生题不是故意绕圈子，不能离题万里、漫无边际地东拉西扯。否则会冲淡主题，也使听众感到倦怠和不耐烦。演讲者必须心中有数，还应注意点染的内容必须与主题互相辉映，浑然一体、恰到好处地过渡。

3. 对比设疑法

演讲者在开场时可以用强烈的反差、对比来引出自己的题目，以期在人心目中留下深刻的印记。这主要指以对比、对照和映衬之类的修辞手法，来引领和导入自己的话题。

有一篇名为《论男子汉》的演讲，一开始，演讲者的话似乎跟一般的谦辞没什么两样，颇有离题之嫌。因为，他一口气就洋洋洒洒地叙说了四个"为难"之处。

"我一点也不明白主办者的意图何在，这使我感到为难，这是我遇到的第一个困难。今天，我是第一次来到你们学校，一切都是陌生的。在一个陌生的环境里，人容易有一种不适应的感觉，这是我遇到的第二个困难。况且，刚才前面的几位同学又作了精彩的演讲，热烈的掌声可以作证，这给我增加了压力，算是我遇到的第三个困难。不巧得很，我本想凭手中这么一张卡片作一次演讲，却忘了戴眼镜了，想把它放在桌上偷偷地看几眼也不成了，这就是我的第四个困难。"

乍一看，这开场白颇有些饶舌的味道；岂料到，那演讲者讲罢"第四个为难"之后，话锋突然一转，便进入自己早已拟定的题目了："但是，我并不胆怯；相反，我充满了信心。我相信，既然我站到了这个讲台上来，我就必定能够鼓起勇气，竭尽全力，让自己体面地走下台去！因为，我选择了这样一个演讲题目——《论男子汉》！"

这样，《论男子汉》特有的"勇气"之题目，便同一开始的"胆怯"与"为难"形成鲜明对比和反差，巧妙、贴切而又风趣盎然这样的入题，不就做到"辞明义见"和"曲径通幽"的完美统一了吗？

小贴士

当然，演讲者在使用设置悬念法开场时，不能故弄玄虚，这一方法既不能频频使用，也不能悬而不解。在适当的时候应解开悬念，使听众的好奇心得到满足，也使前后内容互相照应，结构浑然一体。

以事实为开场白，深入人心

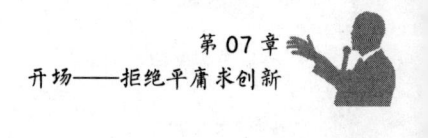

任何一个演讲者都知道开场白在演说中的重要作用。任何形式的演讲，开头总是关键。在演讲开始后的几分钟或者几秒钟内，听众通常会决定是否接受演讲，是否听下去。瑞士作家温克勒说："开场白有两项任务：一是建立说者与听者的同感；二是如字义所释，打开场面，引入正题。"演讲者进行演讲，其目的本身就是为了将所陈述的观点深入人心，引发共鸣，以达到震慑人心的作用。开场白中任何技巧的运用，都不如以事实开头更能获得听者的信任与认同。

1984 年 5 月 5 日，巴金先生参加了在东京召开的第 47 届国际笔会，大会总议题是"核时代的文学和作家的关系"。在前面几位著名的作家发言以后，巴老作了精彩的发言。开头是这样的：

在广岛原子弹爆炸十年后，一个 12 岁的小姑娘发了病。她相信传说，以为自己折好一千只纸鹤就能恢复健康。她躺在病床上一天天折下去，她不仅折了一千只，还多折了三百多只，但是她死了。人们为她在和平公园里建立了"千羽鹤纪念碑"，碑下挂着全国儿童送来的无数只纸鹤。我曾经取了一只用蓝色硬纸折成的鹤带回上海。我没有见过她，可是这个想活下去的小姑娘的形象，经常在我眼前出现，好像她在要求我保护她，不让死亡把她带走。倘使可能，我真愿意用我的生命换回她的幸福！

这个令人伤感的故事表达了巴金对和平的祈求，一下子就深深地打动了全场听众。接着，巴金过渡到"核时代的文学和作家的关系"这个主题上来，水到渠成，自然妥帖。

作为演讲者，我们应当从这个演讲故事中吸取经验——向听者讲述一些事实，会让听者在一开始就对你产生信任。当然，选择事实要遵循这样几个原则：

要短小，不然就成了故事会；要有意味，促人深思；要与演讲内容有关。

那么，具体来说，演讲者该如何以事实为开场进行演讲呢？

1. 用令人震惊的事实开头

它可以使听者从一系列触目惊心的事实中醒悟过来，造成一种"悬念"，使听者急于了解更多的情况。

周光宁在《救救孩子》的演讲开场时说：去年 5 月 24 日的《新民晚报》披露了这样一个事实：一个四年级的小学生，每天要带父母亲手剥光了蛋壳的鸡蛋到学校吃。有一次，父母忘了给鸡蛋剥壳，差点憋坏了孩子，他对着鸡蛋左瞅右看，不知如何下口。结果只好原蛋带回。母亲问他怎么不吃蛋，回答很简单："没有缝，我怎么吃！"

这里，周光宁以小学生不会剥鸡蛋这样一则新闻报道开头，把听众引入他的演讲主题：全社会都要重视培养孩子们独立生活的能力和战胜困难的勇气。

著名演讲教育家李燕杰在《爱情与美》的演讲中这样开场："我不是研究爱情的，为什么会想到要讲这么一个题目呢？"然后讲了一个故事：北京一家公司的团委书记再三邀请李老师去演讲，并掏出几张纸，上面列着公司所属工厂一批自杀者的名单，其中大多数是因恋爱问题处理不好而走上绝路的。"所以，我觉得很有必要与大家谈谈这方面的问题。"

这个故事一下子把听众的注意力集中起来，使他们感到问题的严重性和紧迫性。

同样，演讲者在发表讲话时，也可以选用这些令人震惊的事实，意在引起听者的注意、赢得他们的认同。

2. 讲述与演讲主题相关的背景知识

相对来说，演讲者发表演说，比一般的谈话更有权威。如果演讲者在演说开始时，能对听众讲述与主题有关的背景知识，那么，不仅能体现出主题的重要性，更能用事实说服听者。

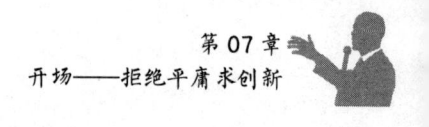

美国空军少将鲁弗斯·L·比拉普斯在夏努特空军基地的一次宴会上作演讲时，对"黑人遗产周"的有关背景知识及其对美国空军的重要性作了介绍：

我很高兴来到此地，同时我也很荣幸应邀和在座各位讨论有关美国黑人的问题。为保持和增进民族间的理解，美国各大州又开始纪念"黑人遗产周"。在这夏努特空军基地，我们庆祝它则可以对美国空军进行完整无缺的教育。我们民族的主旋律是："黑人历史，未来的火炬。"

这个已成为美国人民生活一部分的纪念活动，是弗吉尼亚州纽坎顿市卡特·G·伍德森最先提出并计划的，他现在被誉为美国"黑人历史之父"。伍德森先生于1915年成立了"美国黑人生活和历史协会"。后来，他又于1926年发起了"黑人遗产周"纪念活动……

当然，演讲者在演讲开场白中陈述事实，还有很多途径，这需要演讲者根据具体的演说场景和主题进行论述，但无论任何陈述，必须建立在真实可信的基础上，一切有失真实的言辞都有可能被听者识破而使得整个演说黯然失色。

小贴士

好的演讲，一开头就应该用最简洁的语言、最经济的时间把听众的注意力和兴奋点吸引过来，这样才能达到出奇制胜的效果。如何达到这一效果，方式当然多种多样，但更能引起共鸣的还是无懈可击的事实。

第08章
生动——提升讲话魅力

演讲者要想提高自己的演讲水平，还必须掌握一些修辞手法。如果在演讲中适当运用一些修辞手法，可以使你的讲话更加生动形象，更具说服力和感染力。演讲者可以灵活运用这些修辞手法，来提升自己讲话的魅力。

富于幽默，言语风趣

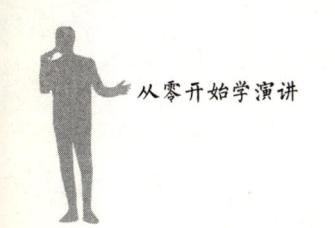

演讲的风格，实际上最主要的就是风趣幽默，富于情感。一个演讲风趣幽默的演讲者，他的语言常常是富于情感的。幽默是最能表达其修养与涵养的方式，因此，古今中外，凡是讲话幽默与富有风趣的演讲者，无不受到大众的欢迎和爱戴。幽默生动的语言可以更有效地传情达意，增进互相了解，演讲者以幽默坦然待人，可以使听众解除心理上的顾虑，缩短心理上的距离。从而使听众畅所欲言，表露真实情感，了解听众的愿望、动机和目的。

1. 形成基础和条件

演讲风趣幽默，富于情感，它也需要演讲者本身具备一些基础和条件。只有具备了这些基础和条件，才能使你的演讲充满了风趣幽默和真情实感。

（1）较高的观察力和想象力。在演讲中，幽默的讲话具有反应迅速的特点，这就要求演讲者必须思维敏捷、能言善辩。而这往往是来自于对生活的深刻体验和对事物的认真观察。演讲者只有具备了较高的观察力和想象力，才能在演讲过程中灵活地运用比喻、夸张等方式讲出幽默的话语。

（2）高尚的情趣和乐观的信念。一般来说，幽默的语言是建立在演讲者有较高的思想境界和较高的涵养的基础之上的。如果是一位心胸狭窄、思想颓废的演讲者，他是不会幽默的。恩格斯曾经说："幽默是表明人对自己事业具有信心并且表明自己占有优势的标志。"因此，幽默永远属于那些拥有热情的人，

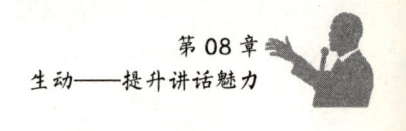

属于那些生活的强者。

（3）较高的文化修养和语言表达能力。如果一个演讲者语言修养高、文化知识丰富，对古今中外、天南海北、历史典故、风土人情等各种各样的知识都有所了解和掌握，再加上丰富的语汇、灵活多样的语言表达方式，那么讲起话来就会得心应手，自然就容易活泼、生动有趣。幽默的讲话是演讲者的智慧的标志，它要求演讲者有较高的文化素养和较强的驾驭语言的能力。但是，在演讲过程中，幽默只是一种风格，一种手段，并不是目的，不能为幽默而幽默，一定要根据具体的题旨语境，适当选用幽默的语言。

2. 获取幽默语言的途径

演讲者需要充分显示自己的幽默感。一句得体俏皮的话，会让你和听众之间的距离立即缩短，并获得好感；几句对付难题的机智回答，会让你摆脱困境，并体现美好的自我形象，获得听众的同情和赞美。可是，在演讲过程中，并不是每一句话都需要幽默，也不是随便的一句俏皮话就可以被称之为幽默。幽默的语言不仅需要风趣，更需要得体，这样才能更好地表达幽默的效果，更真实地表达情感。那么，如何去获取那些幽默的语言呢？

（1）用趣味思维方式捕捉生活中的喜剧因素。"趣味思维"就是一种"错位思维"，换句话说，就是不按照普通人的思路想，而是岔到有趣的一面去。演讲者在生活中，要善于使用这样的思维方式去捕捉一些喜剧因素，平时的逐渐积累，会在你演讲的时候派上用场。

（2）瞬息构思，掌握必要技巧。幽默风趣是一种"快语艺术"，它突破了惯性思维，遵循的是反常原则。在实际演讲中，必须要想得快，说得快，触景即发，涉事成趣，出人意料之外，又在情理之中，使听众在欢笑中易于接受。

（3）灵活运用修辞手法。在演讲过程中，要灵活运用极度的夸张、反常的妙喻、顺拈的借代、含蓄的反语，以及对比、拟人、移就、拈连、对偶等一些修辞手法，这样才能使你的语言表现出幽默风趣的效果。

（4）搜集素材。我们的日常生活丰富多彩，提供了许多有趣的素材，这些素材会无意识地进入我们的记忆仓库中。演讲者在生活中，要做个有心人，随时搜集来自生活中的有趣素材，这样就会使自己的语言材料丰富起来。

3. 需要注意的问题

在运用幽默时，还应注意以下几方面问题：

（1）看场合。大部分演讲中，幽默都是可以用的，但有些场合下，比如有重大灾难时，出现严重问题时，讨论严肃问题的演讲中，幽默还是少用为好，这样会让人觉得轻浮。不同的听众所能接受的幽默方式与内容也是不同的，幽默要有针对性。

（2）别牵强。幽默要真正实现效果，最好是自然而然地流露，而不能勉为其难地去逗人笑。幽默是在广泛的社会经验与深厚的知识素养的基础上自然的风度表现，是不能强求的。

（3）无恶意。幽默是为了增强亲切、热烈的交谈气氛的，是为了让他人高兴的，如果用歧视性语言来达到幽默效果，反而会让人感觉受到了伤害。

（4）讲文明。幽默是高雅的，忌用粗俗语言。幽默是体现风度与修养的，是高雅的语言艺术。如果用一些粗鄙流俗的语言来作为幽默材料，不但不能取得幽默诙谐的效果，反而会让人觉得庸俗不堪。

小贴士

幽默在生活中无所不在，幽默的素材在生活中也无处不有。幽默诙谐的语言，是生动形象的语言，是让听众饶有兴致听下去的语言。对于许多的演讲活动，获得听众的好感才是讲话成功的关键之一，而幽默是获得听众好感的有效办法。

善于引用，增强感染力

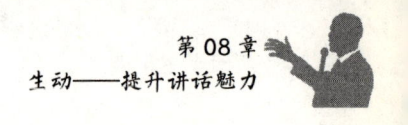

一位善于讲话的演讲者，肯定是个善于旁征博引的人，他在演讲中，经常会引用一些事例、典故，或者穿插一些历史知识、名言警句。通过引用，他所讲出来的话就形成一种博古通今的气势，增强感染力。

1. 引用事例

有些道理，要纯粹从理论上来说明，用口号来呼吁，这样会显得很困难，而且会让人感觉枯燥无味。但如果通过举一些事例来解释和说明，则既能有效地阐述观点，说明道理，让听众信服；又能让讲话内容充实，形式活泼，让听众感兴趣。

引用事例，主要是现实生活中的事例，也包括一些名人的事例。你可以在确定了主题，简单明确地说出观点之后，再选择能够支持观点的事例来展开论证。但是，在演讲中引用事例时，需注意以下几点：

（1）准确具体

你所引用的事例应该是具体的，应该有时间、地点、人物及部分细节描写。这样，可以让听众有如身临其境，去经历、去感受、去思考，从中受到启发和教育；如果事例失实或本身就很难理解，听众就会对讲话产生怀疑或失去兴趣，影响演讲效果。另外，不能引用自己都不清楚、不完全了解的事例；更不能断章取义，为了拼凑事例而将一些完整的事件切割开来。

（2）新颖生动

生动才能吸引人，我们所引的事例应该新颖生动，应该是离人们的生活很近的事，以使听众对材料感兴趣。

（3）侧重引用身边的事例

你所举事例应侧重于普通人普通事，因为伟大的人、伟大的事固然感人，但这毕竟与普通人的生活离得较远，引用过多不会引起大家的兴趣。如果举些凡人凡事，用群众身边人、身边事教育群众，对听众更有说服力，效果会更好。

（4）避免老生常谈

有些事例几乎已经成了论证某些观点的套话，比如谈到身残志坚就说张海迪，谈到助人为乐就说雷锋，谈到秉公执法就讲包拯。这类的事例虽然不错，但不能每次必讲，用得太多太滥，可能起不到论证效果。

2.引用典故

中华民族历史悠久，留下了光辉灿烂的文化，其中的历史、文学、寓言、成语、故事、传说等典故数不胜数。这些典故或优美感人，或朴实动听，或言微旨远，能给人以无限遐想，给人启迪，发人深思。典故的说服力是强大的，因为它们都是千百年来历史证明了的事实，比如要说明"兼听则明"的道理，还有什么比引用唐太宗从谏如流，比唐高祖广纳众议的典故更具说服力呢？

在过去，我国士大夫在著书立说、闲谈交往中，如果不引经据典，将十分被人瞧不起，可见典故的重要性。典故以其特有的生动性、趣味性和深刻性，对于论证观点、说明道理、吸引听众有着不可替代的作用。

3.引用名言警句

古今中外的名人名言，有着较强的说服力。因为这些名言名句或是他们生活经验的总结，或是他们智慧灵感的闪现，往往富有哲理、发人深思。在讲话中引用名言名句，无论是对于增强说服力，还是对于增加讲话的感染力，都是很有帮助的。

如某领导在讲无私帮助的问题时，引用"送人玫瑰，手留余香"进行论述，简洁明了，说理深刻，并且给人美的感觉；有位领导同志在"企业评政府"的讲话中引用了《梁史》中"屋漏在上，知之在下"这句古语，简洁、深刻地说明了"企业评政府""下评上"的意义，与会者听后留下了深刻的印象。引用名言警句，一般应注意以下几点：

（1）尽量引用原文

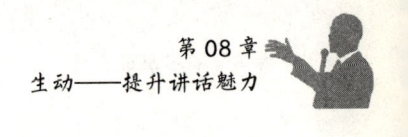

比如引用奥斯特洛夫斯基的名言："人最宝贵的是生命，这生命属于每个人只有一次。人的一生应当这样度过：当他回首往事的时候，不因虚度年华而悔恨，也不因碌碌无为而羞愧。这样，在临死的时候，他就能够说，我的整个生命和全部精力都献给了世界上最壮丽的事业——为人类的自由和解放而斗争。"以此来谈人生意义，说理性很强。

（2）善于用自己的话陈述

有的名言警句包含的意义比较多，那么这时候，你就要善于用自己的话来对这些名言进行陈述。如某领导在讲话的时候这样说道：

要获得群众的信任，主要靠平时认认真真、仔仔细细地做好群众工作。苏东坡在他的《晁错论》中有一段话："天下之患，最不可为者，名为治平无事，而其实有不测之忧。坐观其变而不为之所，则恐至于不可救。"联系到群众工作，也可以这样来解读这句话：太平没事的时候，你也许可以不管群众，但一旦有事，你就不可救了。

这样用自己的话来陈述，可以令自己更容易掌握讲话的内容，也使听众更易于明白。

（3）改造要适当

在有些语境下，适当地改变名言名句中的某些字，以达到特殊的语言效果，也是可以的。比如毛泽东批评一些干部为评级而闹情绪，说："男儿有泪不轻弹，只因未到评级时。"宋楚瑜在大陆之行时，也套用了美国过去一位总统肯尼迪所说的一句话：不要光看我在大陆说了什么，要看我们在台湾做了什么。

（4）准确无误

千万不能把名言名句念错了，那样不仅不能增添语言色彩，反而会闹笑话。引用名言名句还应与话语的情境相协调，引用最能说明问题的名言名句，并且

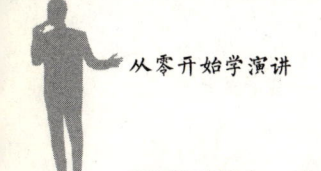

要适可而止，不能滥用。

4.引用数字

权威性的数据具有较强的说服力，对那些科学性或知识性论点，你应尽可能用权数据来论述。这里的关键就是"权威性"，它主要包括国家机关公布的信息、专家的论断、权威新闻媒体的报道、有影响的社会团体公布的正式材料等。一般来说，这些数据可信度高，权威大，基本不需要再经证明就可以用来进行论证，具有无可辩驳的说服力，以之为论据是非常有力的。

小贴士

演讲者在演讲中，要善于采用引用一些熟语、典故，来证明事物、阐述道理。善于引用，可以增强说服力和感染力，使语言表达言之有据、生动形象。

妙语双关，言有意指

中华语言文化博大精深，很多语言具有多义性，如果在演讲中巧妙地运用这种多义性，可以达到出神入化的效果。一语双关，就是有意识地使用同一个词或者同一句话，在同一个言语环境中兼有两重意思。也就是利用语言的多义性，使讲话含义不仅表现在某个词或一句话的字面意义上，而隐含在这个词或这句话的背后的含义才是真正的表达意图。

通俗地讲，就是表面上说是这件事，实际上是指另一件事。这对于提升语言的艺术色彩力有着非常重要的作用，可使讲话简单明了，又含蓄自然、幽默风趣。

宋楚瑜在清华大学讲演时，开始讲道：

第08章
生动——提升讲话魅力

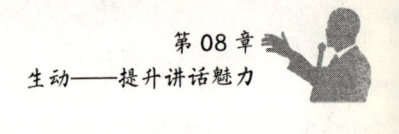

尊敬的顾校长、中共中央台办陈主任、各位老师、各位同学，大家早安、大家好。听到顾校长刚才的一番赞美之词，套句北京人所说的话，听到之后，忒高兴了。昨天天气预报说可能今天有一些雷阵雨，但今天到清华大学看到不仅是风和日丽，而且是拨云见日。这不就是大家所期望的两岸雨过天晴、拨云见日？这种期待都是大家所共同的。

特别是在一些严肃的场合下，有一些话不便明说，一语双关则能隐晦曲折地表达出这种想法。有的时候，利用双关还可达到生动有趣的效果。

一语双关既能化解尴尬，又能使话语含蓄、幽默，富于风趣，还能加深语意，引人思考，给人以深刻的印象。所以，一语双关经常被人使用，受到大多数演讲者的青睐。

一位青年来到编辑部，递上自己的作品要求发表。编辑看了他的作品后问："是你自己写的小说吗？"

青年人回答："是我自己写的，我构思了几个月，整整写了三天，才把它完成。"编辑站起来与他握手："啊，伟大的契诃夫先生，您什么时候复活了啊？"青年脸一红，拿起了作品稿，不好意思地走了。

青年人的文章是抄袭契诃夫的，但编辑没有直接指出，而是以契诃夫复活了这种荒诞的感慨让青年自己知道作品不应发表。编辑语藏机关，竟然将一件尴尬的事说得如此风趣，用的就是双关手法。

小贴士

运用一语双关的修辞手法，要注意贴切，分清场合与语言环境，注意对方的理解能力，选择好内容与双关形式。如果运用不当，很可能导致双关艰深晦涩，落入低级趣味。

善用比喻，一语胜千言

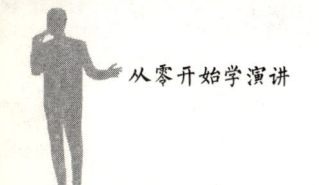

比喻，就是打比方，即以彼物比此物，在说明一个事物时，不是直接去说，而是通过描述或说明另一个事物来达到目的。这种用人们比较熟悉的东西来描述、解释人们不熟悉的东西的语言方式，便于减少理解的障碍。

有人问爱因斯坦，究竟什么是相对论。这是一个非常深奥的理论问题，如果用科学术语来解释，必定冗长晦涩，让人难以理解。爱因斯坦是如何解释的呢？"你同你最亲爱的人坐在炉子边，一个钟头过去了，你觉得好像只过了五分钟；而如果你一个人孤单地坐在热气逼人的火炉边，只过了五分钟，你却像坐了一个小时——这就是相对论。"

爱因斯坦对相对论的解释，不仅能让人理解相对论的内涵，更让人觉得风趣幽默。比喻一般由本体、喻体和喻词三部分组成。本体是被比的事物；喻体是用来作比的事物或对象；喻词则是表明比喻关系的词语，如"好像""恰似""像……一样"等。如陕西某领导说："从地图上看，陕西区域就像一个跪着的'兵马俑'。在新的历史时期，我们要进一步激活它，让它跑起来。"这里，陕西区域就是本体，而"兵马俑"就是喻体，"像"就是喻词。

深圳某领导在会议上讲道：

革命事业就像接力赛，一棒接一棒。作为后人，把前人创造的宝贵财富传承下去，是我们这些后人义不容辞的职责，是为政为人的必备之德。

……

接力棒传到我们手中了，再也不能把这些历史遗留问题往后推了，不解决这些问题，深圳就没有办法继续发展下去。为了党和人民的事业，为了深圳的未来，我们要不惜做"孤臣"，敢于做"诤臣"。

演讲是为了阐述道理，要把那些生硬、枯燥的理论表述得生动具体，使别

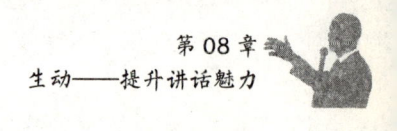

人印象深刻，这本来就是一件苦难的事情；但如果能运用贴切的比喻，就能化难为易，几句简单的话就能说明深刻的道理，极具说服力。用好比喻需要注意以下几个问题：

（1）两者相近。比喻的本体和喻体必须是完全不同、但又在某方面有极相似之处的两种事物。属性相同的事物，很难激发人们的联想，这样就没有比喻的意义；而没有相似之处的事物，根本不具有可比性，也不能用来比喻。

（2）通俗易懂。在选择喻体的时候，一定要做到浅显、生动、具体，并且与听众的生活非常贴近，只有这样才能让人更容易理解和接受。

（3）形神兼备。拿来对比的两个事物不仅需要外表的共同点，还必须有内在特质的相似点，这样才能揭示事物的精神实质。

（4）自然贴切。比喻可以为语言增加色彩，但并不是说比喻越多越好，不能为了比喻而比喻；不能出于猎奇而矫揉造作、故弄玄虚；比喻还应该有创造性、新颖性，不能老用那些已经为人熟知的比喻；而那些不自然的比喻，非但不能为讲话添彩，反而会让听众反感。

小贴士

高深的理论，只因为巧用人的感受作比喻，仅需简单几句话就说明白了。巧妙运用比喻，能给语言涂上一层绚丽色彩，增加讲话的形象性、生动性和感染性，让语言更加精彩。

适度夸张，表现张力

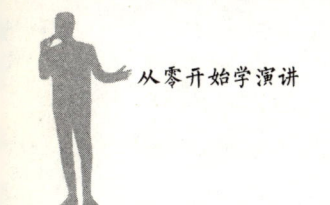

适度地夸张能使人或事物的形象或特征更加突出，给人的感觉更加强烈，从而使人受到话语的感染而投入更多的注意力。演讲的时候，为了表达需要，可以在尊重客观事实的基础上故意言过其实，夸大或缩小一些人或事物的某方面特征，以此形成强烈的对比效果。

当你读到李白"飞流直下三千尺，疑是银河落九天"的诗句时，你就不能不用心去体会庐山瀑布那从天而降、磅礴的气势，夸张手法的运用，让这瀑布的美震撼人心。

适度的夸张是在某些方面"言过其实"，但是又需要有真实事例来作为基础，这样才有利于突出事物的特殊性，进而唤起听众的想象，突出个性形象。

有三个人在一起谈论如何节约，其中一个说："我认识一个人，为了节约墨水，无论写什么，字都像芝麻粒儿一样大小。"

第二个说："我认识一个人，为了减少手表的磨损，天一黑，就把手表给停了。"

第三个说："你们说的都一般，我认识一位老先生，为了节约眼镜，连报纸都不看了。"

为了节约眼镜连报纸都不看了，这就不能不是夸张了。当我们听了这样的话后，就可以想象出这位老先生去做其他的事情的时候，该是何等地节约。

在讲话中合理地运用夸张技巧，便于揭示事物的本质，可以加强说话的感染力，还能够启发听者的想象力。但是在运用夸张的时候，要注意必须以现实生活为基础，不能漫无边际，而是应该做到"言过其实"又"合情合理"，不似真实而又胜似真实。

第08章
生动——提升讲话魅力

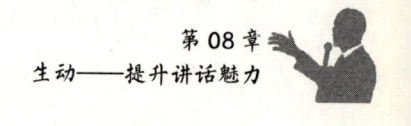

有个人才30多岁，可是头上却一根头发也没有了。

一天，他来到一家生发水专卖店，让营业员给他推荐一种生发水。

营业员拿出一瓶生发水，对他说："这是我们刚刚进口的，一天卖好几瓶呢！"

他拿过来，边看边问道："效果怎么样？"

营业员说："这样跟你说吧！前几天，有个妇女来买生发水，我给她推荐了这种。她没法打开瓶盖，就用嘴咬，不小心液体沾到了嘴上。三天过后，你猜怎么着？她居然长出了满嘴胡子。"

营业员显然夸大了事实，但确实收到了宣传产品的效果，可见她的聪明和幽默。夸张是为了强调事物的某种特征而故意言过其实，或者夸大事实，或缩小事实，让听者对说话者所表达的内容有一个更深刻的认识和理解。

某领导在就职演说中有这样几句话：深圳最大的贡献和成就，也不仅是25年来由一个边陲小镇建成了一座现代化的大都市，创造了"一夜城"的世界城市发展奇迹，尽管这也是很不一般的成就。把高速发展的深圳比作"一夜城"，形象生动，虽然作了夸张，但取其建设速度快这个特点，较为得体，效果很好。

在运用夸张手法的时候，必须以客观实际为基础，在不失去真实感的前提下进行夸大或缩小，绝不能无中生有，信口开河，把事物过分夸大或缩小。

小贴士

夸张必须结合特定的目的与场合而用：如果是在一些较为严肃的场合，就不宜用夸张的语句；如果是在随意的场合，就可以灵活地运用夸张手法，以活跃气氛，增加谈话的趣味。

第 09 章
声音——说话优雅动听

　　演讲者声音的素质有优劣之分，好素质的声音悦耳动听，极容易打动听众。当然，良好的声音并非只依靠先天条件，也可以通过后天训练而获得。作为演讲者，我们需要有意识地通过日常训练来提升声音的素质。

科学发声练习，让声音底气十足

在生活中，我们经常说某人说话没有底气，那声音就好像是一个大病初愈的人所说的话，声音很小，而且没有张力。我们有时会将这里的底气理解为"信心"，也就是由于心理素质导致声音出现这样的情况，但并不是所有的情况都是如此。有些时候，某些人说话底气不足的原因在于其本人的声音问题，更明确地说，这是由于缺乏科学的发声练习所造成的。

某健康咨询室里收到了这样一封信：

医生，你好，我今年23岁了，是一位成年的男性。但一直以来我为一个问题困扰着，我身边的朋友以及家人都说我说话有气无力，跟我的年龄很不符合。年轻人不应该都是朝气蓬勃，声音响亮的，但我的声音为什么会这样呢？就连我自己都觉得声音很难听，十分沉闷，好像嗓子里有一层隔离在我的声带发出的声音一样。

我大学快毕业了，即将面临的就是工作问题。而对于任何一家公司或企业来说，一种好的精神面貌是很重要的。我本身性格外向，平时也很喜欢说话，但就是这声音听了让人恼火，我也知道这不是我刻意纠正就能改变的问题。因此，我想咨询，声音出现这样的问题到底是什么原因呢？是缺乏锻炼还是有病呢？那我该如何努力才能纠正这样的声音状态呢？

其实，无论是这种求职面试的年轻人，还是需要到处进行当众说话的公司

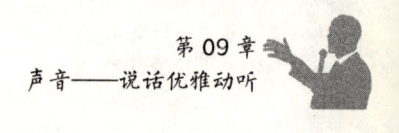

职员，他们尤为关心的问题就是自己的声音听起来是否底气不足。若是缺乏底气，那么自然不容易引起别人的关注，一旦出现这样的现象，只怕即便你说破了嘴也没人会听，更别说会肯定你的说话水平。实际上，案例中求助者的问题是能够被解决的，只要他进行一段时间的语音训练，就可以有效地改善声音底气不足的现象。

在发音过程中，气息是声音的动力来源。充足、稳定的气息是发音的基础，有的人说话声音洪亮、持久、有力，我们通常会说这样的人讲话"底气十足"；反之，有的人说话声音很小，有气无力，上气不接下气，就好像蚊子嗡嗡叫一样，这样的人则是明显的"底气不足"。在发音练习中，所谓的"底气"其实是"中气"。之所以会出现上述的差别，除了身体素质的区别以外，还有就是气息技巧的问题，也就是呼吸和说话的配合、协调是否恰当的问题。

通常，说话是呼气时而不是在吸气时进行的，停顿才是在吸气时进行的。若是进行长时间的说话或演讲，那就必须要求比平时更强的呼吸循环。

在说话过程中，我们需要处理好说话和呼吸的关系，那就必须注意如下问题：

1. 演讲过程中要尽量放松

在呼吸之间，需要尽量轻松自如，吸气要快速，呼气要缓慢、均匀，而且吸入的气量要适中，太多会让你喘不过气来，太少了又不够用。

2. 演讲过程中要利于呼吸

不管是站着还是坐着，都需要抬头舒肩展背，胸部稍微向前倾，小腹内收，双脚并立平放。这样的站姿利于呼吸，让你的发音部位，比如胸、腹、舌都处于一个良好的准备状态中。只有呼吸通畅了，你的发言才会更流利。

3. 演讲过程中要自然停顿换气

说话过程中有自然的停顿，这时就应该自然地换气，不要说完了一整句长话才大口吸气或呼气，这样说话很费劲。同时，我们应按照自己的气量来决定如何在那些较长的句子中间停顿，千万不要为了达到表达效果而勉强去做，这样只会适得其反。

小贴士

在平时的生活中，我们都喜欢听那些饱满圆润、悦耳动听的声音，而那些干瘪沙哑的声音则往往令人生厌。若是经常处于当众说话的场合，你更需要锻炼出一副好嗓子，练就一腔悦耳动听的声音，这是你提高演讲水平的必备条件。

腹式呼吸，让声音更洪亮

在生活中，许多人抱怨自己声音很小，而且极不稳定，尽管自己已经觉得很大声说话了，但就是发不出声音，而且觉得自己的喉咙好像有什么东西堵着似的。总结起来，就是感觉说话很费力，声音又传不远，而造成这样的现象的原因有两个：一是没有充分利用共鸣腔器官，二是气息不稳。通常我们发出的声音都是依靠两片声带震动而成的，这是很容易理解的，然后，震动经过咽、喉、口腔、鼻腔、胸腔等人体器官再被逐渐修饰、放大，形成了自己的声音，最终传到了别人的耳朵。

当我们对着身边的人耳语时，声带没有震动，仅仅是气息的摩擦，也就发不出任何声音。如果你想声音变得洪亮而平稳，而仅凭借声带的强烈震动，只会损伤声带。

小王说话的声音一直很小，而且含糊不清，身边的人总是抱怨："小王，你就不能大声一点，说清楚一点吗？"小王对此也表示很无奈，声音本来就是这样，即便是自己用尽了全身的力气，声音还是大不起来。而且，稍微一用力，

第 09 章
声音——说话优雅动听

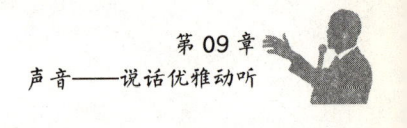

便觉得声带发紧，嗓音变得更小，嗓子也有些疼痛，到了医院检查，才发现声带充血了。

医生建议说："不要用力发声，否则会损伤你的声带。"小王无奈地摇摇头，自己是一个普通的推销员，每天所需要的就是当众说话，不仅如此，如果自己声音不够洪亮或者忽高忽低，还会影响到自己的业绩，这可如何是好呢？

难道就没有其他的方法了吗？现在流行一种腹式呼吸的发音方法，也就是让横膈膜上下移动。这是因为吸气时横膈膜会下降，并将脏器积压到下面，因此肚子会膨胀，这时胸腔没有膨胀。而在呼气时横膈膜会上升，这可以进行深度呼吸，吐出很多积存在肺里的二氧化碳。呼吸是一种正常的生理现象，一呼一吸承载着生命的重量。科学家经过研究发现：人的肺平均有两个足球那么大，但大多数人在一生中却只使用了其中三分之一的能力。而腹式呼吸将会很好地将肺的作用充分地发挥出来，所以，我们可以通过腹部呼吸，改善我们的声音状况。

腹式呼吸又分为顺呼吸和逆呼吸，顺呼吸就是指吸气时轻轻扩张腹肌，感觉舒服的时候，尽量地吸气，越深越好，等到呼气时再放松腹肌。逆呼吸则是吸气时轻轻地收缩腹肌，呼气时再慢慢地放松。两者的区别在于：逆呼吸只牵涉到下腹部肌肉，也就是紧靠在肚脐下方的耻骨区。吸气时轻轻地收缩腹肌，呼气时慢慢放松，呼吸在这样的方式下变得很轻松，差不多只占据了一半肺容量。

腹式呼吸的具体方法是：让自己呈仰卧或舒适的冥想坐姿，全身放松。先用一段时间来观察自己的自然呼吸，然后右手放在腹部肚脐，左手放在胸部。吸气时，尽力地向外扩张腹部，胸部则保持不动；呼气时，尽量收缩腹部，胸部则保持不动。如此循环，保持每一次呼吸的节奏一致，你可以体会到腹部的一起一落。这个方法最重要的在于：每次呼气吸气都需要达到最大限度的量，吸到不能再吸，呼到不能再呼，若是每口气都能直达丹田，那是再好不过了，

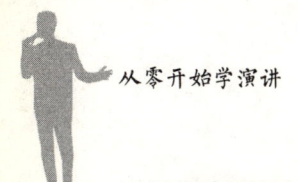

这样你就能保持沉稳而洪亮的声音了。

但在使用这种方法的时候，我们还需要注意几个小问题：

1. 如何呼气吸气

呼吸要尽量深长而缓慢，用鼻子吸气，用嘴巴呼气。做完一个呼吸的动作大概在 15 秒左右，也就是深吸气差不多 3~5 秒，屏息 1 秒，然后慢慢呼气，时间也是 3~5 秒，屏息 1 秒。每次的练习需要保持 5~15 分钟，当然，如果你能够坚持做到半个小时，那是最好不过了。

2. 量力而行

对于身体好的人来说，屏息的时间可以延长一些，呼吸节奏尽可能地缓慢；而对于身体差的人来说，就不必屏息了，但一定要尽力吸气。就这样每天练习一两次，坐着、躺着、走着，甚至跑着也可以练习，直到身体出汗为止。

小贴士

其实，腹式呼吸的方法不仅能让我们的声音变得洪亮而平稳，而且会给我们的身体带来很多益处，比如扩大肺活量，减少肺部感染，以及改善腹部脏器的功能等。

抑扬顿挫，让演讲更有层次感

演讲大多都是凭借有声语言来达到交流的目的，而语言表达则主要在于语音。有声语言借助语音的细微变化、语调语气以及停顿等一系列表达形式，使自己的言语表达更加准确、清新自然，同时还具备抑扬顿挫的音乐感，就像一个技艺高超的琴师，弹奏出悦耳动听的音乐，体现出语言的音律美与和谐美。

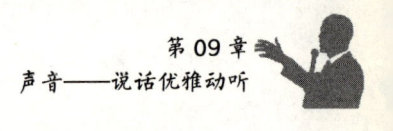

有人说话比较注重声音的高低起伏、停顿转折，并且节奏分明，自己说起来琅琅上口，听众听起来也觉得悦耳动听。其实，要想达到这样的目的，这需要我们有效地掌握抑扬顿挫的语言表达技巧，才能使自己讲话听起来悦耳动听。

在演讲的时候，抑扬顿挫地讲话可以增强口语表达的感染力，从而达到吸引听众的目的。如果说话者总是用一成不变的语调，很容易让听众觉得枯燥乏味。

有些讲话稿虽然水平很一般，但演讲者抑扬顿挫的语调，会使整个会场掌声雷动。

那如何才能使自己的语调变得抑扬顿挫？

1. 讲话时要注意"重音"

演讲时，我们经常会运用到重音，重音在生活中必不可少。比如，"这篇文章的大意是什么"，如果你在朗读的时候，把"意"轻念，那就会让听众认为"大意"是"粗心"的意思。

所以，重音不但能使声音高低起伏不断，重音还具有区别词意的作用，读重读轻表达的意思并不一样。重音可分为三种：语法重音，比如某个字它本来就应该重读，而当它在某个句子里的时候，就应该读出重音来；逻辑重音，在公开说话时，肯定有一部分的内容是比较重要的，这时候就需要根据说话的内容和重点自己确定重音的读法；感情重音，感情重音是表达强烈的感情或细微的心理的安排。

2. 讲话时要适当停顿

演讲时不仅要让你的声音有高低起伏的音乐感变化，还需要停顿转折的回旋变化，这样才能使你的讲话听起来抑扬顿挫、悦耳动听。总的来说，停顿主要分四种，即语法停顿、逻辑停顿、感情停顿、特殊停顿。

除此之外，还需要我们在演讲的时候，把一些书面上的停顿快速连接起来，那就需要一定的连接力了。也就是，把书面上标有停顿的地方快速连起来，需要不换气、不偷气，一气呵成，如此说话可以渲染现场气氛，增强语言的气势。

小贴士

想要演讲变得抑扬顿挫，极富音乐美感，其中的秘诀是有章可循的。善于抓住句子的重点来强调你所要表达的思想感情，适当的时候运用重音，在正式的语言表达中，灵活应用重音可以增强个人语言表达的感染力，表明话语中的轻重之分，从而达到抑扬顿挫的语言效果。

注意停顿，语言过渡自然

在说话过程中，为了考虑到听众的接受度，让听众有相当多的时间消化自己想传递的信息，同时也需要时间给自己控制节奏、理清思路、观察反馈，演讲者通常会有一些停顿。当然，这样的停顿时间是较短的，否则就会造成说话啰唆的现象，因此，在停顿时需要保持一定的连贯性。话语的停顿主要基于两方面的需求，一方面是没有任何一个人能憋足一口气将所有的内容都说完，每个人都需要喘息的时间，或者喝水的时间，如果使用声带的时间过长，会导致声音沙哑，甚至上气不接下气，声音也会变得越来越弱；另一方面是因为语言本身需要停顿，诸如语法、逻辑、感情，还有一些特殊停顿，这都是必要的，否则那将无法成为句子，说话者既没有能力说下去，而下面的听众也无法听明白。

美国前总统林肯在说话时有个习惯就是适当地停顿，当他说道某个重要的问题，而且希望这些内容能在听众的脑海中留下非常深刻的印象时，这时他的身子会向前倾，注视着听众的眼睛，大概会停顿一分钟的时间，这段时间内他

第09章
声音——说话优雅动听

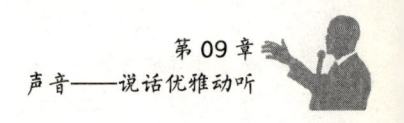

一句话也不说。就好像突然而来的嘈杂声音，这种突然的沉默，也可以吸引人们的注意力。这样的停顿，会让每一个坐在台下的听众都竖起耳朵，十分专注地听对方接下来会说些什么内容。当然，恰到好处的停顿会让你的声音发挥出较好的水平，但如果是牵强的停顿，则会对你的声音产生不利的影响。

众所周知，林肯与法官道格拉斯曾进行过一次辩论赛，当时所有的情况都表明林肯即将面临失败。对此，林肯自己也感到十分沮丧，一直以来的疾病折磨着自己，这为他的演讲增添了一些感人的氛围。

最后一次辩说词中，林肯突然停顿了下来，他差不多站立了一分多钟，看着台下坐着的人，有些是朋友，还有一些是完全陌生的面孔。他那深陷下去的忧郁眼睛就像平时一样，似乎满含着快要流下的泪水。他将双手紧紧地握在一起，好像它们太疲劳了，已经没有力气来应付这场战争。然后，林肯以自己独特的声音说道："朋友们，不管是道格拉斯法官还是我自己被选入美国参议院，都是无关紧要的，一点关系也没有。但是我们今天向你们提出的这个重大问题才是最重要的，远胜过任何个人的利益和任何人的政治前途，朋友们。"说到这里，他再次停了下来，台下的听众屏住了呼吸，唯恐漏掉一个字，"即使在道格拉斯法官和我自己的那根可怜、脆弱、无用的舌头已经安息在坟墓中时，这个问题仍将继续存在、呼吸及燃烧。"

林肯在这段话语中的停顿有什么作用呢？我们似乎可以从他的传记中找到答案，一位曾替林肯写传记的作者写道："这些简单的话语，以及他当时的演说态度，深深地打动了每个人的心。"确实，适当的停顿，不仅能够让我们的嗓子暂时得到休息，而且能够增强语言的渲染力。

那在实际说话中，我们该如何掌握停顿，以至于让声音发挥出最好的状态呢？在这里，我们列举了最常见的几种停顿。

1. 逻辑停顿

著名专家说：如果没有逻辑停顿的语言是文体不通的话，那么没有心理停顿的语言是没有生命的。逻辑停顿是一个句子中需要被强调的停顿，逻辑停顿是一种表达感情的需要。

2. 特殊停顿

特殊停顿是为了加强某种特殊效果或应付某种需要所作的停顿。停顿的表现力主要有四个方面：变含糊为清晰，变平淡为突出，变平直为起伏，变松散为整齐。

有些排比句通过停顿变得节奏很好，要声断，气不断，情不断。要重复强调的是停顿不是中断，只是声音的消失，它绝对是气流与感情连起来的，有停就有连，而且某种激烈、紧张的情况下更需要连接。

3. 逻辑停顿

语法停顿又叫自然停顿，一个词中间是不能停顿的。另外，从语法上说在中心语与附加语之间会有一个小小的停顿，一篇讲话稿中用标点符号表示的地方要停顿，不同的标点符号，停的时间长短不一样，它们停顿的时间是：句号（包括问号、感叹号）＞分号＞冒号＞逗号＞顿号，从结构上，是段落＞层次＞句子。

4. 感情停顿

感情停顿又叫心理停顿，逻辑停顿为理智服务，感情停顿为感情服务，感情停顿是一种表示微妙和复杂的心理感受而作的停顿。

小贴士

当然，说话时的停顿，是一种需要掌握好的技巧。恰当的停顿不但可以让说话层次分明，突出话语重心，吸引听众的注意力，还能够前后照应。有条理的说话才具有一定的说服力以及逻辑性，达到彻底征服听众的目的。如果缺乏应有的停顿，一直不停地说下去，就会让人有急促感，也表达不出说话者的情感和力度。

第 09 章
声音——说话优雅动听

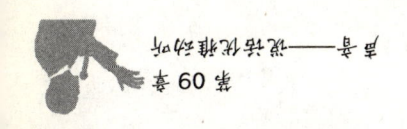

修正音色，使声音趋于平稳

在生活中，我们经常听到某些人的声音太尖锐，甚至刺耳，尤其是当他们提高嗓门的时候。如果是在公开场合说话时出现这样的声音，虽然不会直接导致说话的失败，但或多或少会影响到你说话水平的发挥。这样的影响，就好像我们在调整话筒时发出的"吱——"这样的尖锐声音，这时可能在场的所有人都会自然地捂住耳朵；而如果我们在说话中出现这样的声音，也会产生同样的效果。

小美从小声音就不好听，远不如同龄小女孩声音那般清脆，而是有点尖尖的，若是突然提高嗓门，听起来还有点刺耳。因此，只要小美开始唱歌，妈妈就嗔怪："就你那破嗓子，还唱歌呢，别唱了，我耳朵不行了。"

长大了，小美的声音还是那样尖锐刺耳，在与朋友或同事聊天的时候，一旦她提高了声调，都会被责怪一句："小美，你的声音太尖了，我的耳朵受不了。"这时小美就会微笑着沉默下来，不过当她一个人的时候，总是会为自己的声音而难过。因为音色不好，小美很少会去唱歌，也很少在公众场合说话。

她自己也不知道该如何来改变这样的情况。

如果说话音尖，你的血管和肌腱就会像绳索一样凸起，下颚附近的肌肉也会紧张，这样的声音听起来就像是海鸥叫声一样尖锐，非常刺耳，若在说话过程中发出这样的声音，是极为不雅的。

尖音其实就是语音纯正的对立面，对于一些人来说，尖音现象程度深浅不一，不过都应该努力克服，矫正音色中尖锐刺耳的部分。对于克服尖音，我们提供了以下几种方法，希望对你能有所帮助。

1. 放松身心

尖音比鼻音还要难听，而克服尖音，首先就要努力减轻你的生理紧张，尽

117

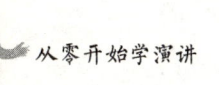

量做到心理平静坦然，并放松你的下颚、舌头、嘴巴、声带。有时我们说话中突然冒出尖音，那是因为太过紧张的缘故，因此要放松全身，让自己的声音自然地发出来。

2. 保持平稳的语调

大多数尖音的出现都是源于说话者突然提高嗓门，因此，在说话时需要保持较为平稳的语调，不要突然提高嗓门，否则很容易出现尖音。

3. 通过语音学来修正尖音

我们可以从语言学入手，正确地发舌面音，纠正尖音，这需要从根本着手，从根本之处让自己正确地掌握舌面音的发音部位以及发音方法。舌面音的发音部位都是舌面的硬腭前部，而发音方法却是不一样的。比如发 J 时，舌面向前向上，向硬腭前部贴紧，舌尖下垂，然后突然将舌面放松，让气流很微弱地由窄缝中透出。

小贴士

当然，我们不可否认的是音色是天生的，可能我们不能完全改变尖音这种状况，但还是可以通过一些方法来矫正这样的音色，让声音中尖锐刺耳的部分降到最低，使其只给声音带来可以忽略不计的影响。

第 10 章
态势——无声胜有声

演讲，除了运用有声语言以外，演讲者还需要借助面部表情、手势动作、身体姿态等各种非语言手段来帮助和加强语言表达。这些形态语言主要起着强调、补充、修饰、渲染的作用，有时甚至可以代替有声语言。

站有站相，展现最佳形象

演讲，通常需要演讲者将有声语言与非有声语言全面地展现出来，因此说话者一般使用的是站姿，而在他前后没有任何的依靠性物体，那么，是采用自然的站姿还是挺拔的站姿呢？这两者需要互相结合，形成最佳的站姿。我们可以观察到，无论是年轻气盛的奥巴马，还是温文尔雅的布朗，还是联合国秘书长，甚至是奥运会主席，他们在公开场合说话都保持着一个完美的站姿。当然，也有少数的公开说话是坐着进行的，比如政治演讲、法律演讲、集会演讲等。

作为演讲者，我们应该把握好自己最佳的站姿，无论是对于说话者本身还是台下的听众，这一点都是很重要的。站着的时候，你的呼吸、气息都处于最自然的准备状态，有利于你最大限度地展现自己的声音素质；而对于听众来说，则可以更直观地瞻仰你的翩翩风度以及高雅的仪态。另外，站着说话还有很多有利的地方：精神焕发，朝气蓬勃，可以表现出说话者极大的热情，同时这也是对听众的高度负责；有利于体态语言的表达，服饰打扮的体现；能够充分地表明演讲者对听众的尊重，拉近与听众的距离。

王帅第一次进行面试的时候，只见他：穿着很随便的破旧衬衫，由于天气炎热还挽起了裤腿，露出半截小腿在外面。站立时背靠着墙壁，好像几天没吃饭似的，双手交叉放在背后，卷曲着身子，眼睛看着地上，似乎地上有什么宝

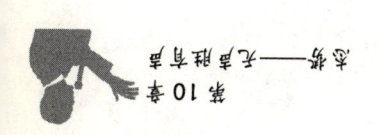

贝似的。在回答面试官问题的时候，他时而望望天花板，时而看看地面，整个人给人的印象就是没精打采，根本不在状态。

当然，王帅的这次面试失败了。

俗话说："站有站相。"案例中王帅的站姿可谓是相当糟糕，他面试失败的结果也早在我们预料之中。其实面试也算是公开说话，与所有公开说话一样，我们应该把握好站立的姿态，以便给听众留下较好的外在印象。

有时，一些篇幅较长的政治演讲、辩论演讲也会采用坐式。在这里，我们略微提及一些坐姿方面的要求：坐姿要文雅、大方。落座时要轻盈、和缓，切勿急急忙忙，人未站稳就重重地将屁股落在椅子上；落座后要保持上身正直、头平稳，千万不要歪斜肩膀、半躺半坐或两手交叉在胸前等不良姿势；两腿要微曲并拢，两脚并起或稍前后分开，不要跷二郎腿，勾着脚。

高尔基在赞扬列宁的演讲时说："他的演讲和谐、完整、明快、强劲，他站在讲台上的整个形象——简直就是一件古典艺术品，什么都有，然而没有丝毫多余，没有任何装饰。"

当然，不同的人的站立姿态也不一样，下面我们就列举几种常见的站姿：

1. 自然站姿

两脚自然分开，平行相距与肩同宽，约 20 厘米为宜。这是比较正规、也是最常见的一种站姿。

2. 稍息站姿

稍息式的主要方式是一脚自然站立，另一只脚向前迈出半步，两脚跟相距 12 厘米左右，两脚之间形成 75° 夹角。使用这种姿势，显出比较单一的形象，重心总是落在后脚上，一般适应长时间站着说话中的短期更换姿势，使身体在短时间里松弛，得到休息。由于这种姿势给人一种不严肃之感，因此一般不长时间单独使用它。

3. 前进站姿

前进式是公开说话用得最多、使用最灵活的一种站姿。它的主要姿势是右脚在前，左脚在后，前脚脚尖指向正前方或稍向外侧斜，两脚延长线的夹角在45°左右，脚跟距离在15厘米左右。这种姿势没有固定重心，所以说话者可以随着上身前倾与后移的变化而分别定在前脚跟与后脚上，不会因时间长身体无变化而不美观。前进式能使手势动作灵活多变，由于上身可前可后，可左可右，还可转动，这样能保证手做出不同的姿势，表达出不同的感情。

小贴士

那怎么样的站姿才算是最恰当的姿势呢？一般来说，应该有以下几点：挺胸，收腹，目视前方，气下沉；两肩放松，重心主要支撑于脚掌脚弓上；颈椎、后背挺直，胸略微向前倾；绷直双腿，稳定重心位置。

手势得体，让演讲更有说服力

早在两千年前就有一位古罗马的政治家、雄辩家说过："一切心理活动都伴随着指手画脚等动作。双目传神的面部表情尤其丰富，手势恰如人体的一种语言，这种语言甚至连最野蛮的人都能理解。"在演讲中，我们经常使用手势语言。手势是体态语言的主要形式，使用频率最高，而寓意深刻、优美得体的手势动作，常常能产生极大的魅力，激发听众的热情，加深听众对说话内容的理解，促成演讲的成功。

手势动作只有在与口语表达密切配合时，其所表达出来的意义才是最生动形象的。随着说话的内容、自身的情感以及现场状态，说话者的手势会自然而

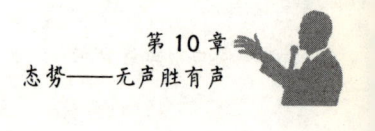

然地表现出来。不仅如此，手势还应该与有声语言、面部表情、身体姿态紧密配合，保持一致，千万不能硬生生地刻意摆弄手势。假如在说话时手势泛滥，会让听众眼花缭乱，颇有哗众取宠之嫌。当然，如果你说话时完全不使用手势，只是把双手摆在固定的位置，那无疑会显得呆板、缺乏活力。

在这里，我们列举颇具林肯式的抒情手势。

赫恩登作为林肯的老朋友，他曾说："林肯对听众恳切地说话时，那瘦长的右手自然地充满着强大的力量，一切思想情绪完全融入其中。为了表现欢乐的情绪，他会把两手臂举成五十度的角，手掌向上，好像已经抓住了那渴望已久的喜悦；而说到痛心的时候，比如在痛斥奴隶制的时候，他便会紧握双拳，在空中用力地挥动。"

林肯所使用的抒情式手势，是一种抽象感情很强的手势，在说话中使用的频率很高。依据手的不同形状以及活动部位，手势动作还可以分为手指动作、手掌动作以及握拳的动作。对于这些手势，我们需要细心辨认以及掌握，因为它们具有多种复杂的意义。

说话的手势千变万化，没有一个固定的模式。想要成为一个出色说话者，平时要认真观察生活，刻苦训练，并且付诸于实践。在这里，我们可以列举一些常见的手势：拇指式，竖起大拇指，其余四指自然弯曲，表示强大、肯定、赞美、第一等意思；手切式，五指并拢，手掌挺直，表示果断、坚决、排除之意；手包式，五指相夹相触，指尖向上，用于强调主题和重点，也表示探讨之意；食指式，食指伸出，其余四指弯曲并拢；食指、中指并用式，食指、中指伸直分开，其余三指弯曲，前英国首相丘吉尔就经常使用这样的手势。当然，诸如此类的手势还有很多很多，在这里我们就不一一列举了。

演讲时，自然而安稳的手势，可以帮助说话者平静地说明问题；急剧而有力的手势，可以帮助说话者升华感情；含蓄的手势，可以帮助说话者表达内心的想法。如下就是运用手势的几个原则：

1. 表达感情的手势

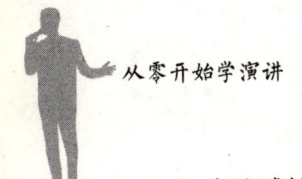

随着感情的变化，手势也发生明显的变化，也就是我们上面所说的林肯式的手势。这是一种抽象感情很强的手势，在演讲中运用频率最高。比如，兴奋时拍手称快，恼怒时挥舞拳头，急躁时双手相搓，果断时猛力砍下。

2. 惯用手势

任何一个人在讲话的时候，都有一些只有他自己才有而别人没有的惯用手势，手势的含义不明确、不固定，随着说话内容的不同而体现不同的含义。比如列宁说话喜欢挥动右手用力一斩，而孙中山先生说话时常常拄着手杖，形成了他独特的形象。当然，说话手势须自然、协调、精简、富于变化、前后统一。

3. 模拟手势

模拟手势的特点是"求神似，不求形似"，因此有一定的夸张色彩。我们可以在说话过程中说到某件事情中的某件物品时用手势把此物模拟出来，这样的手势信息含量很大，从而升华了感情。

4. 指示性手势

指示手势是用来指示具体真实形象的，分为实指和虚指两大类。实指是说话者的手势确指，它所指的人或事或方向均是在场的人视线所及的；虚指是指说话者和听众不能看到的。指示手势比较简单，不带感情色彩。

小贴士

随着部位、幅度、方向、缓急、形状、角度等的不同，手势所表达的思想含义以及感情色彩也会有所不同。在实际演讲中，我们不应该拘泥于某种固定的模式，而应依据说话内容的需要，灵活地运动不同的手势。

第 10 章
态势——无声胜有声

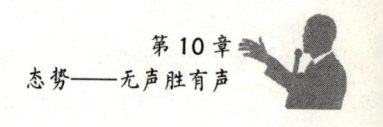

双目有神，准确表情达意

我们常说："眼睛是心灵的窗户。"一个人的内心世界到底是什么样子，往往会通过眼睛这个窗户透露出来。演讲者站在讲台上时，用不着开口说话，就能够凭着眼睛的神态传递出内心的情感。而听众并非必须要听说话者说些什么才能获取其中的信息，他们只需要关注说话者的眼神，就可以了解其内心想法，知道他想要表达什么样的想法。

说话者在运用口语传递信息的同时，也要通过自己的眼神，把内心的激情、学识、品德、情操、审美情趣等传递给听众。你的眼神变化要与说话内容的发展和自己情绪的变化相协调，要注意眼神运用的多样性，准确地表情达意，给人以胸怀坦荡的感觉。

伟大的无产阶级革命家恩格斯、马克思、列宁就是善于使用眼神的高手。

李卜克尔西回忆恩格斯曾说："他在观察人们和事物的时候，不是用玫瑰色眼镜或黑色眼镜，而是用明察秋毫的目力。他的目光从不停留在事物的表面，而总是要洞悉底蕴。这种明察秋毫的目力，这种'慧眼'，这种自然之母只赋予少数人的洞察力，都是恩格斯所有的。这一点在我第一次会见他的时候就察觉到了。"

保尔·拉法格在回忆马克思曾说："当某一个人在谈话中说出几句俏皮话或机敏的答辩时，他的黑眼睛便在浓密的眉毛下快活地嘲弄地闪动起来。"

普·凯尔任采夫回忆列宁曾说："他演说时的姿态，他的淳朴，而首先是他的一双目光炯炯能看到人们内心深处的眼睛——都使我觉得是非凡的。"

在说话时，不同的眼神，给人以不同的印象。眼神清澈坚定，让人感到率直、善良、天真；眼神狡黠奸诈，给人以虚伪、刁奸之感；左顾右盼，显得心慌意乱；翘首仰视，显得凝思高傲；低头俯视，露出胆怯、害羞。眼神会透露人内心的

125

真意和隐秘，眼睛能自如地传递心灵的信息，反映人的喜怒哀乐之情。人们的思想感情常常通过眼神自然流露出来，而眼神配合口语，就能表达出丰富多彩的思想感情。因为人的眼睛有上百条神经连结大脑，它们是大脑获得信息的重要渠道，同时又受到大脑中枢神经的控制。

事实上，无论使用哪种眼神，都是为表达一定的思想内容和感情，绝不可故弄玄虚。同时，在运用眼神时，应当表现出信心和活力，显出风度。说话者在公开场合说话时需要保持视线的目标在正前方，炯炯有神地面对听众，并且不断地兼顾全场，了解听众的反应。也就是要把目光注视前方与多方位观察巧妙地结合起来，全方位地观察听众。要做到全方位地观察听众，就需要学会运用眼神的三种技法。

1. 演讲时眼神要注视一部分听众

这种眼神的方法就是有目的、有针对性地重点注视某一局部听众。运用这种方法可赞扬和感谢那些专心致志的热心听众；引导和启发那些有疑问和感到困惑的听众；支持和鼓励那些想询问的听众；制止那些影响现场秩序的听众，使其收敛，达到控场的目的。

运用这种方法针对性较强，目光含义要明确，且要适可而止，避免与听众目光长时间直接接触，以免使被注视的听众局促不安，或者使其他听众受冷落。

2. 演讲时眼神要全方位地观察听众

运用这种眼神的方法是目光有节奏或周期性地环视全场，其目的主要在于掌握整个说话现场动态，照顾全场，统率全局。运用这种方法，可使全场听众产生亲近感。但必须注意，一定要照顾全局，不可忽视任何角落的听众。同时，头部摆动幅度不宜过大，眼珠不可肆意乱转。

3. 演讲时眼神要远远地注视着听众

使用这种眼神的方法就是目光似盯未盯地望着听众。运用这种方法可显示

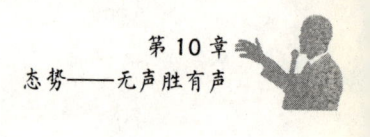

出说话者端庄大方的神态，可引导听众进入描述的意境之中，还可烘托气氛。但应注意不可频繁使用，以免给人以傲慢的感觉。

小贴士

可以毫不夸张地说，眼神所能传达出来的感情，往往会超过有声语言所表达的含义。也因为如此，我们才会有"会说话的眼睛"这一说法。既然眼神有如此大的作用，那在演讲时我们更需要充分发挥出眼神的作用来。

神采奕奕，将自己融入演讲情境中

一般而言，在说话过程中还需要注意一点，那就是你的神态要随着说话内容的改变而及时调整，你不可能在整个说话过程中始终保持一种神态，也不可能在整个说话过程中毫不停息地变化神态。俗话说："相由心生。"你所说的语言应该是发自内心的，而内心的一切活动将逐一清晰地反映在你的神态中，高兴抑或悲伤，愉快抑或痛苦，这都将通过神态真实地展现出来。

当我们在说话的时候，神态主要依据说话内容而发生相应的变化，如当说到严肃的内容时会神态沉重，而说到高兴的事情时会眉开眼笑。对于大多数人来说，他们喜欢把忧虑感、紧迫感、厌恶等统统写在脸上，而当说到诸如类似的事情时，他们的神态也会有相应的变化。

林敏是学校里出了名的演讲高手，而她最擅长的就是将自己融入进演讲状态中。人们一直记得她曾在一次演讲比赛中，声情并茂地演绎了属于自己的演讲风格。

当演讲到一些描述灾难的内容时，林敏的脸上一片肃穆，没有半点笑容；

127

当演讲到那些革命战士牺牲自己生命时，她一下子把声调提得老高，而且满脸的义愤填膺；当演讲到感动人的事迹时，她的脸上是满脸的泪水；当演讲到革命终于取得胜利的时候，她开心地笑了，连那话语里都蕴藏着笑意。

所谓的神态随着说话内容情节而调整，其实就是将自己融入到说话内容中去。如果你讲述的是一个感人至深的故事，那你可能要化身为故事里的主人公，你的神态时而悲伤，时而愤怒，时而幸福，时而快乐，你所有的情绪都将随着主人公的命运而产生相应的变化。我们可以说，一个有着卓越口才的人，理应如此。

在现实生活中，不同性格、身份、经历的人，他们会有各种不同的神态。即使在同一事件中，相同的情况下，他们的神态也是各不相同的。而且，单纯的神态语言并不能完成一次沟通，它必须结合事件、环境、心境的状态，才能恰如其分地表现出来。

那在实际的演讲过程中，我们该如何来调整自己的神态呢？

1. 使用微笑

在神态表现中，我们尤其需要说到微笑这个状态。大多数说话者没有充分利用或用错了微笑这一强大的工具，或是龇牙咧嘴笑得下巴发痛的傻笑，或是在悲伤或严肃的场合露出微笑，这些都是不适宜的。

对于演讲者来说，当表达赞美、歌颂等感情色彩时应微笑，此时要博得别人笑，自己首先要笑；上台与下台时应微笑，这样可拉近与听众的距离，把良好的形象留在听众心中；面对听众提问时，送上一缕微笑是无声的赞美与鼓励；肯定或否定听众的一些言行时，可以配合着点头或摇头，面带微笑；面对喧闹的听众，演讲者可略停顿，同时面带微笑，这是一种含蓄的批评与指责；表达一些与微笑不相悖的情感时可微笑。

2. 各种神态展现

第 10 章
态势——无声胜有声

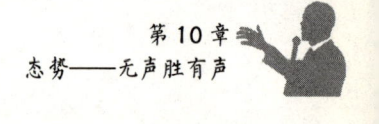

"不是有人在坐车不畅时埋怨'乱哄哄，路不通，车不动'吗？不是有些漂亮的姑娘品评他们是'多一个脑袋的电线杆'吗？不是有人谩骂他们秉公处罚是自己给自己发奖金吗？不是有人丧尽天良将车轮辗向我们这些可敬可爱的马路卫士吗？"当你在进行这样一段说话时，你应该保持义愤填膺的神态，以增强反问句的表达效果。

当你在说到对未来展望的时候，你应该保持神采奕奕的状态，那表示你很有信心；当你在痛斥某种罪恶行为的时候，应该保持怒目圆睁的神态，以表达自己内心强烈的抵触情绪。

当然，还有许多不同的神态表现，在这里就不需要一一列举了，只要记住一点：你的神态应随着说话的内容而逐渐调整。

小贴士

演讲时，神态语言是传情达意的一种重要沟通方式，它是一种通过眼神、动作、面部表情等来表达内心思想的非语言形式。神态语言不仅彰显着自己的喜恶，更为重要的是，它能通过自己一颦一蹙的变化展现自己的内心世界。

129

第 11 章
控场——营造和谐氛围

有些人天天说话也不见得会说话，这是因为他们缺乏一定的语言表达技巧。善于说话，其实就是说话者可以准确自如、恰到好处地表达出自己的思想、感情和意图，可以将深奥的道理说得清楚明白、形象生动。

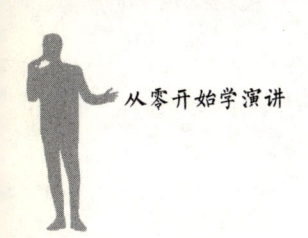

演讲技巧，掌握时间

你在做演讲准备工作的时候，需要看看讲话内容各个部分的大致比例：开场白、主要内容、结论。一般情况下，主要内容应该占发言时间的百分之七十五；开场白不要因为插进题外话而拖得太长；还要检查论述要点之间的相对比例，看看自己是否用了一半时间来阐述其中某一个要点，想想这样做值得吗。有的演讲者在实际演讲时语速过快，这样会使很多听者听不出重点，从而失去演讲的意义。

演讲排练越接近实际情况，对时间估计的误差越小。你在进行演讲排练的时候，要注意下面几个方面的问题。

1.用手表查看自己的演讲时间，但是不要死盯着手表的指针

把开始和结束的时间记下来，手表指针的运动会给你一种压力，让你不太自然。比如，如果你觉得自己讲得太慢，可能会在最后一分钟把速度加快一倍；或者觉得前面讲得太快，就刻意把自己的语速放慢，用使人昏昏欲睡的口吻把句子拖得很长。

2.为演讲的每个部分定时

如果能够为每个部分的讲话定时，将对控制演讲时间帮助很大，有经验的演讲者往往清楚地明白演讲的每个部分各占多长时间。即使演讲时间在总体上控制得非常好，你也仍然需要再把时间分割得更加细致一些。明白时间的长短

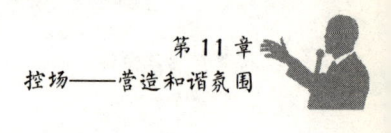

有助于你随时进行调整，这是演讲过程中经常出现的情况。

3. 记下每次演讲花费的时间

当你的排练工作进行到一定的程度，每次演讲花费的时间大致相等时，就要在笔记上记下每个部分各自花费的时间。你可以在开场白的笔记右下方标记"2分钟"，在第一个要点后记"5分钟"，在第二个要点后记"8分钟"等。

4. 合理分配各个部分的时间

合理分配演讲各个部分的时间可以帮助你从容调整内容。如果你原计划用5分钟讲述第一个要点，听众的反应使你觉得自己得用8分钟才能使他们明白这个问题。那么你就要把第二个要点和第三个要点中的小故事省略掉以空出多用的3分钟。

5. 准备一块手表

有些人对时间的估计非常精确，不需要外在的提示。如果你不太善于估计时间——事实上大部分人都没有这种能力，你就要坦然地把自己的手表摘下来放在自己看得到的地方，或者请听众席上的同事按时向你发出信号，但是不要过分依赖钟表。

即使你在准备工作中已经控制好了时间，在实际演讲过程中也还是会出现各种各样的情况。一般来说，遇到的情况不外乎两种：时间太长或者时间太短。这时候就需要发挥你的临场应变能力，你可以借鉴一下以下的方法。

1. 演讲时间太长

如果演讲时间太长，超出了预定的时间，我们可以采用下面这些方法来解决这个问题。

（1）检查自己的证据和例子，不要反复重申同样的内容，你可以把那些要除去的内容留在问答或讨论时用。

（2）取消较长的故事、笑话、叙述等，除非它们对演讲主题至关重要。

（3）考虑把某个要点全部取消，同时，相应地调整自己的主题。

（4）例子的描述不要太过详细，在演讲过程中，不要讲述整个故事的来龙去脉，只须包括所有关键要素的大概情况即可。

（5）考虑用演讲以外的其他方式来解说技术和细节，如分发资料或使用视觉道具。

（6）修饰和简化语言以及措辞，说话要深入浅出。

2. 演讲时间太短

如果演讲时间太短，我们可以从下面几个方面考虑改进。

（1）检查是否还有一些重要观点没有充分阐述。

（2）检查自己的措辞是否过于简短，如果有的内容已经在其他地方说过，且口语的语速比较快，那么不妨进行重复和修饰，同时加入各种说明来使每位听众完全把握你的意思以及你希望传达的重点。

（3）一定要保证你为自己的所有要点都配备了充分的证明材料，再次检查你的论据，确保你的论点都有根有据，且没有跳过某些逻辑证明的步骤。

（4）你在图书馆查找资料的工作可能做得不够，没有确实查阅了相当多的资料。

（5）在一般情况下，如果你只用了20分钟就讲完了本来打算讲30分钟的内容，没有人会感到格外沮丧；而如果你用了50分钟才讲完本来打算讲20分钟的内容，那么其他人的时间安排可能就完全被打乱了。

小贴士

演讲者在演讲过程中，能够有效控制好演讲时间是一项重要的内容。但是在演讲中对时间的控制不能只靠临场紧盯钟表，而是应该事先排练，根据排练的时间来安排自己的控场时间。

第 11 章
控场——营造和谐氛围

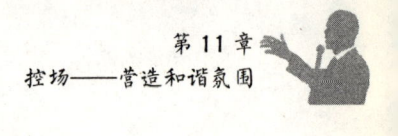

观察听众神色，注意掌控演讲节奏

在演讲活动中，虽然演讲者居于主导地位，但这并不意味着说演讲者可以自己讲自己的，完全不用搭理听众。我们都知道，演讲是否有效，取决于听众的反应，尽管演讲者是表面上的主角，但实际上听众才是真正意义上的主角，有了他们，演讲才能表现出它应有的意义。

因此，在演讲过程中，演讲者需要观察听众的神色，是茫然，抑或是神情专注。若发现听众对自己的讲话不感兴趣，或纯粹不听，这时应该及时地采取一些互动措施，想办法抓住听众的注意力，唤起听众的兴趣。

一位学者到部队上演讲，他讲道：

"退后三十年，我和你们一样，也是一个兵！肩宽体阔，走路生风，迈步作响。当过班长、排长、连长。后来阴差阳错，改行成了摇笔杆子的爬格虫，经常熬通宵，弄成这般连我都不喜欢的样子。所以，一有机会就想寻根，今天总算又回来了，请你们接受我这个没有军装的老兵的致意……"

在案例中，学者利用自己和眼前战士曾有过的共同点，设计了这样一段话，试想，每一个现场的士兵又怎能不被感动呢？他们感受到了一种重视、尊重，他们与演讲者之间的距离自然也就拉近了。

有一次，冯玉祥将军率军来到抗日前线地区的河南鲁山县，受到当地民众的热烈欢迎，并开了一个"军民联欢大会"，会上他发表了抗日鼓动演讲。一直以来，冯玉祥将军在百姓心中的威望是极高的，但正因为如此，在座的听众都不由心生敬畏。又因为冯玉祥将军在入场时脸色很严肃，他们心中就更添了几分畏意。但是，冯玉祥将军的正式演讲一开始，听众顿时就没了畏惧感，而只有亲切。

当时，冯玉祥将军是这样讲的：

135

各位老先生、老太太，兄弟姐妹们！各位青年学生们！全体官兵兄弟们！你们不是常听说"老冯老冯"的吗？我就是冯玉祥。咱们耳朵里是熟人，眼睛里是生人，从今以后咱们眼睛里也是熟人啦！我代表国民政府，代表蒋委员长，向抗战前线的河南军民致以亲切的慰问和崇高的敬礼！

冯玉祥将军运用亲切而朴实的语言，一句"从今以后咱们眼睛里也是熟人啦"，将自己与百姓的心贴得更紧。在演讲过程中，如果演讲者在表达自己想法时能够更富有感性，并将自己的热忱传达给听众，与听众之间形成互动，通常是不会出现冷场的。

那在实际演讲中，若是发现听众神色茫然，演讲者应该如何与现场的听众进行互动？

1. 利用语言抓住听众的注意力

在演讲时，演讲者可以随手利用眼前的东西，比如大厅里的听众、当前的事物、当地的参照物，或是采用大家熟悉的例子，人人使用的语言以及司空见惯的事件。如果能将这样一些事情纳入自己的演讲内容，定会让听众有亲切之感。

2. 让听众参与到演讲中来

如果你对台下的听众进行过一番研究，就可以按照这个结果选取一些听众感觉亲切或熟悉的东西融入到演讲内容中，来吸引他们。比如提及现场的细节或共同体验过的某一件事，"在座的各位有多少人今天吃了早饭？啊，我看见你们大约有一半的人举起了手。这位朋友，你吃了什么？豆浆加油条，那边那位，你吃了什么？"然后通过这些内容巧妙地引出你所演讲的话题。

小贴士

在某些时候，我们会发现听众对演讲毫无兴趣，注意力分散，或者仅以"嗯""哦"之类的简单语言来应付。出现如此现象的原因是演讲者的话没有吸引力，听众只是出于纪律的约束或一种礼貌而扮演一个"接受"的角色。

遭遇冷场，妙语扭转局面

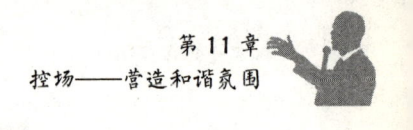

演讲中，可能很多演讲者都遇到过这样的情况：或许因为你的语言失误，或许因为听者对你所演说的内容突然不感兴趣，使原本活跃的现场气氛一下子冷淡下来，造成演讲的冷场。当然，这一局面出现的根本原因在于演讲者的语言没有吸引力。听者仅是出于纪律的约束或处世的礼貌而扮演一个"接受"的角色。对于演讲者而言，冷场无疑是一种尴尬的局面，会令其窘迫。

那么，演讲者在遇到冷场后，该如何重新扭转局面呢？我们可以掌握以下方法：

1. 转换话题

所谓变换话题，指的是演讲者在演讲的过程中，当遇到冷场或者某些尴尬的话题时，可以通过暂时变换话题的办法重新吸引听众的注意力、调动听众的情绪。这其中就包括穿插一些趣闻轶事。

古代希腊有这样一则寓言："一位农夫在冬天看见一条蛇冻僵了，他很可怜它，便将蛇放在自己的胸口焐着。那蛇受了暖气就苏醒了，等到恢复了它的天性，便把它的恩人咬了，使他受了致命的伤。农夫临死的时候说：我怜惜恶人，应该受这个恶报。"外国和中国的毒蛇们希望中国人民还像这个农夫一样地死去，希望中国共产党，中国的一切革命民主派，都像这个农夫一样地怀有对于毒蛇的好心肠。但是中国人民、中国共产党和中国真正的革命民主派，却听见了并且记住了这个农夫的遗嘱。况且盘踞在大部分中国土地上的大蛇和小蛇，黑蛇和白蛇，露出毒牙的蛇和化成美女的蛇，虽然它们已经感觉到冬天的威胁，但是还没有冻僵呢！

这是一段有理也有趣的说话，在案例中，说话者利运用一个有趣的故事来说明不要怜惜恶人的道理，教育人民要认清一切反动派的真面目，坚决同反动派势力斗争到底，彻底将他们打倒推翻。

遭遇冷场时，如果演讲者能恰当而又适时地讲述一些趣闻轶事，便能抓住人们渴望趣味的视听倾向，能使混乱或呆板的演讲现场马上活跃起来，听众的注意力也会被迅速地集中到演讲内容上。这时演讲者重新回到原有话题的轨道，效果就会理想得多了。因为趣闻轶事是人们在生活中津津乐道的闲谈资料，生活中的许多情趣即由此而来。

2. 制造悬念，激发听众的兴趣

每一个高明的演讲者，都会活跃演讲气氛，他们很善于制造悬念。一个好的悬念能起到拯救演讲危机、让自己再度成为听众注目的中心的作用。

因此，在演讲中制造悬念，可以有效地吸引听众的注意力，使演讲内含的信息和情感得以准确传达。演讲者在出现冷场的情况下适时地制造一两个悬念，确实是重新吸引听众注意力的非常有效的办法。

普列汉诺夫有一次在日内瓦作关于《无产阶级与农民》的演讲，当时会场乱哄哄的，几乎使演讲不能继续下去了。这时，普列汉诺夫双手交叉在胸前，目光带有嘲讽地扫视着会场。当台下逐渐平静了些，他大声说："如果我们也想用这种武器同你们斗争的话，我们来时就会——（他停顿了一下，大家以为他会说，带着炸弹、武器、棍棒，然而他说出的话却出人意料）我们来时就会带着冷若冰霜的美女。"此语一出，整个会场笑声一片，甚至连一些反对者也笑了起来。普列汉诺夫见时机已到，话头一转，又重新回到了演讲的正题上。

3. 让听众积极参与到演讲中来

造成演讲冷场的原因之一，就是演讲者单向地陈述问题，而听众被动地接受信息。也就是说，在演讲者以自己的演讲辞和形象的语言来感染听众的同时，听众的积极回应也有利于推动演讲的顺利进行。

因此，要改变尴尬局面，可以从此处入手。比如，我们可以向听众提出富有针对性和启发性的问题，这样可以调动听众参与演讲活动的热情，使他们意

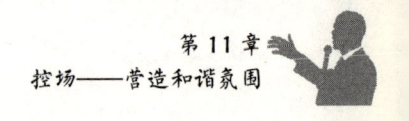

识到自己也是整个演讲的一个重要组成部分，如此便能有效地避免冷场和打破冷场。

一位领导正在面向群众进行普法意义的演讲，由于话题具有一定的专业性，听众的注意力出现了分散，进而不少人开始交头接耳起来。这时，这位领导者及时提出了这样的话题："请开小差的同志们想想，如果我们自己的权益受到了侵害，我们又将怎样来寻求法律的帮助呢？"这样一来，交头接耳的听众重新将注意力转移过来了。

4.适时地赞美听众

演讲者即兴演说时，如果忽略了听众，自然会出现冷场。此时，演讲者应当注意采用恰当的方式，拉近与听众的心理距离。贴近听众的一个有效方法就是发自内心地赞美听众，用中情中理的话语拨动听众的心弦，引起听众共鸣，使他们重新对演讲发生浓厚的兴趣，从而打破冷场的尴尬局面。

总之，只要演讲者能做到以上几点，当冷场出现时，及时采取控制手段，就能扭转局面，让演讲得以顺利进行。

小贴士

在演讲问答互动中，运用沟通技巧打破听众的沉默与冷场是演讲者必须掌握的，否则，听众的沉默与冷场不但会影响演讲效果，也会打击演讲者与听众沟通的积极性。

合乎口语，令听众过耳不忘

通常情况下，当众说话短则几分钟，长则一两个小时，如何才能让听众记住自己所说过的话呢？其实，想让自己的话令听众过耳不忘，并没有什么秘诀，最简单的就是运用口语化的语言，让自己的话通俗易懂。说话的目的在于得到听众的理解，而听众往往是凭着自己的感觉来理解话语的。如果你在说话的时候，较多地使用生僻晦涩的词语，那听众就会觉得枯燥无味，不知道你在说些什么。你在这头说得滔滔不绝，唾沫星子漫天飞，而听众那头却是恹恹欲睡、烦躁不安。

我们要说那些听者能够听得懂、记得住的话，这样才能达到你演讲的目的，才能让语言发挥出应有的作用。通常人们对于自己感兴趣的语言是愿意花心思去记住的，因此，我们要善于说一些听众感兴趣的话，比如成语、民谣之类，简单得令人过耳不忘，人们也就能够耳熟能详。你讲起来语言简短精练，听众不仅听得明白，而且印象很深，也更容易记住，合乎口语。

著名心血管病专家洪昭光教授在其所作的健康报告中，经常运用大量的群众易于接受、喜闻乐见的语言，通过生动有趣的故事和易学易记的"顺口溜"，让大家一听就懂，一懂就用，一用就灵。

一般来说，作医学报告，都会有许多专业术语。比如，一天要摄取热量2200千卡、饱和脂肪酸8%、胆固醇少于300mg等，但你给老百姓讲这些，会让他们听了摸不着头脑，也没法操作。而洪昭光教授改用口诀"一、二、三、四、五，红、黄、绿、白、黑"就好记多了。其中的许多语言，让人听后看后难以忘怀。如"健康面前人人平等，遵循健康规律，你的身体就可能一生平安"，早已"润物细无声"地改变了人们的健康观念和生活方式。

据说，洪教授的报告，总是场场爆满、听众如云，他的讲稿更是十分抢手、火热得很，不论是高层领导、专家学者，还是基层群众、普通百姓，都十分喜欢听他演讲。这其中的主要原因，除了他拥有独特的医学观点外，还有很重要的一点就是他在报告中的语言可以令人过耳不忘。

想令语言生动有趣，最基本的要求就是尽可能使用自己的语言，不能老是

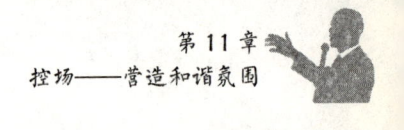

去套用别人的话，这样既具有个性，又有新鲜感。需要注意的是，要避免堆砌"时髦词"，或者把别人的东西生拼硬凑在一起，这种语言乍听起来挺"新鲜"，可是细细品味起来，似是而非，不够准确。

另外，为了自己所说的话容易被听众记住，还应该站在听众的角度上思考问题。当众说话实际上就是一个态度的问题。说话者要站在听众的立场上，为听众着想，将自己的想法通俗易懂地传达给听众；不要以自我为中心，只考虑如何展现自己的语言表达能力。有的人长篇大论，把本来非常简单的道理绕来绕去，结果是，不说的时候听众还明白一些，越说听众越迷糊，这就是故弄玄虚，人为地设置沟通障碍。这样的语言，听众厌烦还来不及，又怎么会记住你所说的话呢？

那令听众过耳不忘的语言秘诀到底是什么呢？

1. 善用口语词汇

如"立即"可改成"马上"；"从而"可改成"这样就"；"备定"可改成"准备好了"等。如果遇到一个意思可由几个词来表达的情况，你要尽量选择其中一个容易听懂的词。不该省的字不要省。如"同期"最好说成"同一时期"，以免产生误解。

2. 尽量用短句

尽量用短句、少用很长的句子，并且尽可能地少修饰句子；要尽量避免使用文言句子和倒装句，以免造成听众的错觉或分散注意力。

3. 少用文言

有些难懂的、文绉绉的古文，最好不用。即便必须用一两句，也要专门作出解释。但是早已口语化了的成语，还是可以用的，这样能使说话显得生动，雅俗共赏。

4. 小心使用方言

这主要是针对听众面比较广、人员比较多的情况而言。因为下面的听众可

从零开始学演讲

能来自五湖四海，方言土语用多了，有些人就听不懂，就会影响说话效果。当然，如果只是小范围的会议，而且大家都是本地人，这个时候可以适当运用一些方言土语，这样可以起到拉近说听者距离、增进感情的作用。

小贴士

在演讲中，要让自己的语言令听众过耳不忘，我们应该尽量使用自己的语言，并尽量使语言生动活泼，具体形象，幽默风趣。你使用的语言要具体可感，形象生动，丰富多彩，不能翻来覆去总是那几个词、几句话，否则就会显得毫无滋味。

第 12 章
互动——制造共鸣

演讲时，互动是一个让彼此参与的过程，可以让演讲者与听众之间加深了解，达到最好的演讲效果。一场精彩的演讲，听众的反应绝不会是冷冷清清，听众会与演讲者进行积极热情的互动，形成一种集体的氛围。

调动听众情绪，营造气氛

演讲者演讲，最重要的就是去调动听众的情绪，不要自己一个人在台上"唱独角戏"，却任由听众在下面躁动不安。通常情况下，大部分演讲都是积极枯燥的，那么怎样才能很好地调动听众的情绪呢？你可以运用下面的方法。

1. 精彩的开场白，能够吸引听众

精彩的开场白给人的印象是深刻的，能起到先入为主、吸引听众的效果。精彩的开场白往往能像磁铁一样牢牢地吸引住听众，提高整个会场的基调和节拍，增强他们对你所讲内容的兴趣。俗话说："良好的开端是成功的一半。"

好的开头可以一下抓住听众的心，给人以深刻的印象，吸引人们继续听下去。就像看一本精彩的小说，如果开始就兴味盎然，人们自然急于了解下面的情节。开场白还要尽量避开那种陈旧死板、千篇一律的格式。你要根据讲话内容的实际，或讲形势、道特点、提要求，要因境制宜、灵活构思、巧妙设计，让下面的听众在不知不觉中进入你精心设计的"圈套"。

2. 适当的时候，你可以运用你幽默的语言来调动听众的情绪

幽默的语言通常能够给听众带来快乐，你在讲话的过程中融入自己的幽默，可以调节现场气氛，还可以展现你的语言魅力。

一个演讲俱乐部想吸收阿凡提为会员，但他也必须和其他会员一样演讲一次。大家都希望他能上台讲，于是规定他最后一个上台，大家满怀期待地

立于台下。

阿凡提登上了演讲台，开口便问："各位，你们知道我要讲什么吗？"

大伙异口同声地说："不知道！"

"怎么，你们竟不知我要讲什么，如此无知，那我讲了还有什么用？"他说着便走下了讲台。大家一时哑口无言。

第二天，他又登上讲台，对听众说："各位，你们知道我要讲什么吗？"

"知道！"这回大家汲取了教训，异口同声地答道。

"好啦，"阿凡提说，"既然大家已经知道了我要讲什么，那我重复一遍又有什么用呢？"说完又走下了讲台，大家再次哑然。

见他总是这样，于是大家便商量了一个办法，待他下次演讲时，有一部分人说知道，而另一部分人说不知道。这样，阿凡提就没法下台了。

第三天，阿凡提又登上了演讲台，当他再次像前两次一样发问后，台下便有人喊"知道"、有人喊"不知道"。

阿凡提一笑："那好吧！那就让知道的人讲给不知道的人听吧！"

说完，他一甩袖子走下演讲台，扬长而去。大家一时间目瞪口呆，然后又忽然"轰"地大笑起来。

这确实算是一个搞笑的故事，在这里，阿凡提玩的就是逻辑幽默。令阿凡提成功的幽默智慧在于他利用"知道"与"不知道"这两个不具体、虚幻的概念，到后面推出了与听众的想象完全不一样的结果，正应了那句"以不变应万变"。不论情境如何变换，阿凡提的理由也总是跟着变化，而他的行为却自始自终都没变。

3. 通过讲有趣的故事

像所有的孩子一样，每个人都乐于倾听有趣的故事。你可以在讲话的过程中巧妙地引入一个与你话题相关的故事，那些引人入胜的故事情节可以很好地调动听众的情绪，令他们更加期待地等着你的讲述。当然，你一定要选择合适的、

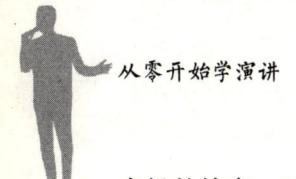

有趣的故事，不然，就起不到作用了。

小贴士

如果你的讲话换来的是听众毫无反应的场面，那只能证明你这次讲话失败了；如果你的讲话能够使听众喜笑颜开，并且能够令他们随着你的讲话内容而思考，那就说明你的讲话是比较成功的。

讲话热烈，吸引听众参与

演讲最需要的是热烈的气氛，如果掌声雷动、欢呼声不断，那么就会感染讲话者的激情，使你越讲越精彩。要使你的讲话热烈起来，能够打动人，你应该掌握一些能够使得讲话具有说服力的最可靠的方式。另外你还可以通过一些外在的方法来使你的讲话热烈起来，从而轻松地打动人。你可以试着每隔几分钟就在讲话中插入一个小故事、提一个问题或者联合使用下面的手段，这样便能吸引听众积极参与，并始终将其热情维持在相当的高度。你可以采用下列方法：

1. 举一些事例

你在讲话的过程中，要善于选择一些比较有代表性的事例来阐述问题。这样可以为你的观点增加点分量，并且能够表明你的陈述是比较客观的。如果缺乏事实的依据，你的讲话就没有信用度可言。当然，也要注意，不要引用过多事实，避免听众厌烦。

2. 运用数字

在讲话中巧妙地运用数字，可以提高你讲话的精准度。数据通常能起到惊人的强调作用，你在讲话中要善于通过具体的统计数字、数据来进行分析或论

证。数字具有简洁性，而且在许多技术型讲话中都是必不可少的。但是数字本身是不能和听众交流的，而有些数字的数目太大，因此需要作出进一步解释。你可以把抽象的数字变成形象的比喻，这样既便于理解，又增强生动性。

3. 类比

讲话中可以适当运用一些类比，这样既可以使你的语言形象，又能吸引听众的注意力。我们要善于以相似之物分析其相似点和紧密之处。畅销书作者理查德斯泽博士谈及医药时，他这样写道，"外科医生抚摸着患者的心脏，就像手里攥着一只小鸟"。类比不仅使讲话生动形象，有时候还会产生幽默效果，给人留下非常深刻的印象。

4. 反比

讲话中通过正反两种情形、前后两种情况变化的对比，揭示问题的症结和原因所在，使人们加深对道理的理解。很多问题不便正面解释，对此不妨举出反面来阐述。

5. 巧妙运用典故

讲话中适当运用典故，或引用伟人经典著作，或引用历史典故、古诗、格言、民谚等，也可以引用上级文件、领导讲话的重要观点，来增强讲话的深刻性。

6. 适当插入一些个人经历

自己的经历最有说服力，因为亲身经历，所以给人的信任度很强。如果演讲者这样讲："我昨天接待了一批外国客户，他们给我们建议……""今天我看见……""我看到这个月，大家表现得很……"肯定会有说服力。当然，为了证明某个观点，有些经历的提出只是进行补充说明而非必需。许多演讲者用个人的经历和听众建立融洽的关系，或者进一步印证论点，效果很好。应注意，引用的经历必须是听众感兴趣，并能对听众造成影响的事。

7. 重复论述

做一个出色的讲话者总是要精简文字，删改讲稿，为了强调一个很重要的观点，你可以进行重申，它可以帮助你发现和表达冗长的观点的精髓之处。在用自己的话语阐明论点时，重复申明可以使你在保持观点的权威性的同时，也不会丧失自己的立场。

小贴士

作为讲话者的你，在整个讲话过程中，应该保持高昂、激情的状态。下面的听众需要你通过讲话来调节他们的情绪，虽然那种热烈的气氛是相互影响的，但是你一直占据主动的位置，所以要尽可能地展开你富有激情的讲话。

设问与反问，感染听众

设问能够产生悬念，引起人的注意力，引发听众思考。如果设问运用得好，就会使讲话极具说服力和感染力，产生让人无法辩驳的说理效果。常用设问，还能帮助讲话者抒发情感，曲折含蓄地表达出某些不便明言的信息。比如有人在讲话这样说道：什么是龙头？龙头就是标杆，就是参照系，别的都要服从，都要以此为标准，必须将认识进一步统一到这个总的指导思想上来。

设问的问话，切忌提一些无关紧要、众人皆知或者缺乏震撼力的问题，也不需要问得太过频繁。设问的运用，关键就在于为讲话内容设计几个比较醒目、巧妙而又有分量的问题，给听众一种好奇感，激发他们对答案的渴望，然后自己作答，娓娓道来。

反问则是不需要回答的问题，答案就在问话之中，就是对问话的否定。反问的运用，可以表达出非常激烈的情绪，在热情奔放、情绪激昂的场合最适合运用。一连串设计巧妙的反问句，能使讲话具有非常大的气势，具有极大的震

撼力与感染力，让听众听了之后情绪高涨，热血沸腾。

帕特瑞克·亨利在弗吉尼亚州议会上的演讲中的一段演讲：

回避现实是毫无用处的。先生们会高喊："和平！和平！"但和平安在？实际上，战争已经开始，从北方刮来的大风都会将武器的铿锵回响送进我们的耳鼓。我们的同胞已身在疆场了，我们为什么还要站在这里袖手旁观呢？先生们希望的是什么？想要达到什么目的？生命就那么可贵？和平就那么甜美？甚至不惜以戴锁链、受奴役的代价来换取吗？

一连串的反问，好似连珠炮不断地轰鸣，整个讲话激情飞扬，气势雄劲，激愤之情感染了下面每一位听众。

卡耐基曾经说过，如果想说服别人，最好的办法就是举出例证反其问之，因为反面的例子比正面辩驳更具有说服力。所以，当演讲者需要说服别人的时候，不妨采取反问的手法，举出一个反面的例子来进行有力的说明。

有一次，拿破仑对他的秘书说："布里昂，你知道吗——你也将永垂不朽了。"

布里昂开始不解拿破仑的意思，拿破仑解释说："你不是我的秘书吗？"

布里昂明白后，笑了笑说："请问，亚历山大的秘书是谁？"

拿破仑回答不上来，赞扬道："问得好！"

布里昂明白了拿破仑的意思，虽并不寄希望于依靠拿破仑的名气扬名，但是他仍不忘自己作为秘书对主帅应有的尊重，所以采用表面请教，实际反问的方式："请问，亚历山大的秘书是谁？"以此证明了大前提的不可靠性，也使拿破仑的结论不攻自破。

美苏关于限制战略武器的四个协定刚刚签署，基辛格就在莫斯科一家旅馆里向随行的美国记者团介绍了这方面会谈的情况。当时已经是 5 月 27 日凌晨一点，他毫无倦意。

"生产导弹的速度大约每年二百五十枚，"基辛格微笑地透露道，"先生们，如果在这里把我当间谍抓起来，我们知道该怪谁啊！"

敏捷的记者们于是接过话题，开始探问美国的秘密。

"我们的情况呢？我们有多少潜艇导弹在配置分导弹头？有多少民兵导弹在配置分导式多弹头？"一个记者问道。

基辛格耸耸肩："我不确切知道正在配置分导式多弹头的民兵导弹有多少，至于潜艇，我的苦处是，数目我是知道的，但我不知道是不是保密的。"

记者说："不是保密的。"

基辛格反问道："不是保密的吗？那你说是多少呢？"

记者傻了，只好"嘿嘿"一笑，不再追问下去了。

其实，反问是用疑问的形式来表达确定的内容。运用反问能够增强语势，把原来肯定的意思表达得更鲜明，不容置疑，所以，也更容易集中听众的注意力，给听众留下强烈的印象，唤起听众的想象和激情，这样的方式比正面表达更能产生力量。反问把答案寓于问句之中，而它所表达的思想内容与句子的表面意思相反：如果语句表面意思是肯定的，那么思想内容则是否定的；反之亦然。

小贴士

为了提醒、加重讲话内容，引起观众注意，增强语言表达效果，有时需要在讲话中进行自问自答，巧妙运用设问、反问，与听众形成互动，调动他们积极思考问题，并感染其激情、热情。

气势恢宏，极富号召力

在很多演讲中，演讲者需要令演讲气势恢宏，并且极具感染力，这样才能更好地展现出演讲的魅力和演讲者自身的形象。如果你的演讲软绵绵的，毫无

生气，死气沉沉，那么就会让听众对你的讲话内容失去兴趣，并对你的演讲水平质疑。

演讲应当潇洒一些，使讲话更富有生气，富有感染力、号召力，这是语言表述中一个极其重要的方面。如毛泽东在"为建设一个伟大的社会主义国家而奋斗"讲话中，就体现了"气势恢宏，感染力极强"的特点。

各位代表：

中华人民共和国第一届全国人民代表大会第一次会议，今天在我国首都北京举行。

代表总数1226人，报到的代表1211人，因病因事请假没有报到的代表15人，报到了因病因事今天临时缺席的代表70人。今天会议实到的代表1141人，合于法定人数。

中华人民共和国第一届全国人民代表大会第一次会议负有重大的任务。

这次会议的任务是：

制定宪法；

制定几个重要的法律；

通过政府工作报告；

选举新的国家领导工作人员。

我们这次会议具有伟大的历史意义。这次会议是标志着我国人民政府1949年建国以来的新胜利和新发展的里程碑，这次会议所制定的宪法将大大地促进我国的社会主义事业。

我们的总任务是：团结全国人民，争取一切国际朋友的支援，为了建设一个伟大的社会主义国家而奋斗，为了保卫国际和平和发展人类进步事业而奋斗。

我国人民应当努力工作，努力学习苏联和各兄弟国家的先进经验，老老实实、勤勤恳恳、互勉互助，力戒任何的虚夸和骄傲，准备在几个五年计划之内，将我们现在这样一个经济上、文化上落后的国家，建设成为一个工业化的具有高度现代化文化程度的伟大的国家。

我们的事业是正义的，正义的事业是任何敌人也攻不破的。

领导我们事业的核心力量是中国共产党。

指导我们思想的理论基础是马克思列宁主义。

我们有充分的信心，克服一切艰难困苦，将我国建设成为一个伟大的社会主义共和国。

我们正在前进。

我们正在做我们的前人从来没有做过的极其光荣伟大的事业。

我们的目的一定要达到。

我们的目的一定能够达到。

全中国6万万人团结起来，为我们的共同事业而努力奋斗!

我们的伟大的祖国万岁!

这样气势恢宏的演讲，即便今时今日我们只看见了演讲稿，也依然可以看出它的磅礴气势。特别是讲话最后，反复地强调"我们"，特别突出了人民奋斗的目标，极具感染力。在这样一种气势中，充满热烈的气氛中，唤起了无数中国同胞的共同心愿，那就是"为建设一个伟大的社会主义国家而奋斗"。

那么，如何才能作出具有感染力的演说呢?

1. 选择热衷的话题

如果你对你所选择的题目有实际接触与经验，对它充满热诚，就像对某种嗜好或消遣的追求等，或者你因对题目曾作深思或有着个人的关切而满心热诚，那么就不用担心演讲时会不热烈了。几乎所有的演讲者都会怀疑，自己选择的题目能否提起听众的兴趣。其实，有一个方法能让他们感兴趣：只要点燃自己对话题的狂热，再感染他们，就不怕吸引不了听众的兴趣了。

2. 投入自己的情感

一个演员之所以打动人，是他全情投入：该哭的时候就哭，该笑的时候就笑。

所以，你在演讲的时候，不要抑制自己的情感，也不要在自己真实感人的热情上加个闭气闸。你可以通过自己的意愿去感染听众，让听众感受到你对自己的题目有多热诚，如此，他们的注意力便在你的掌握之下。

3. 表现热烈

当你走上台去要对听众作演讲时，应是满心企盼的神态，而不能像个要登上绞架的人。有时候，轻快跳跃的脚步也许是装出来的，但是它能为你制造奇迹，并会令听众觉得你有着自己非常热切想要谈的事情。

在正式演讲之前，深呼吸，不要靠着讲桌；头抬高，下额仰起。你即将告诉听众一些有价值的事情，因此你全身每一部分都应该清楚无误地让他们清晰地明白这点。现在你大权在握，要像威廉·詹姆斯所说的，要表现得好像是这样。

4. 把握三个"一"

每个演讲者作演讲的时候，都希望能够更有震撼力和感染力，那么就需要在演讲过程中掌握三个"一"。

（1）声音大一点。有时候，你所在的演讲场所，有可能是容纳几百人甚至上千人的大厅。即便是有扩音器，如果你的声音如蚊子一样小，那么下面的听众也依然听不到你在讲什么，而预期的演讲效果也无法达到。若能设法将声音传至大厅的后方，这样的音效会让你更有把握。

（2）语速快一点。演讲的语速能激起千百万听众情感的波澜，思想感情起伏变化结构的疏密松紧，语调的抑扬顿挫、轻重缓急以及举止等要素，有秩序、有规律、有节拍地组合，便形成了演讲的节奏。你只有使自己的语速快一点，才能够营造出那种紧张、富有激情的气氛，才能够感染听众。所以，讲到激动的时候尽可能让自己语速快一点，但是注意一点，再快也要保持口齿清楚，不能只注重快而不注重效果，否则就本末倒置了。

（3）语气长一点。在演讲中，尽量使自己的语气长一点，给人意味深长之感。这样，听众就会被你的语气所感染，提高他们对演讲的兴趣。

如果演讲者音域宽广、音色响亮、精神饱满、手势幅度较大，就会给人以奋发向上、朝气蓬勃的振奋之感，并能体现其澎湃宏阔、激越高昂、豪壮刚健、英武奔放的演讲风格。

小贴士

演讲者要想使自己的演讲气势恢宏，具有感染力，那么首先要具备"生命力、活力、热情"这几个条件。因为听众的情绪完全受讲演者左右，只要你能在自己的演讲中注入"生命力、活力、热情"，就能更好地感染听众。

第 13 章
故事——打动人心的秘密

　　一个严肃的讲座往往意味着枯燥，尽管内容可能的确很有价值，所以演讲通常需要穿插合适的故事，才能打动人心。故事的选择需要适合演讲的听众及演讲内容，既让听众深有感触，又能够和实际要讲的内容结合起来。

精彩的演讲，需要故事

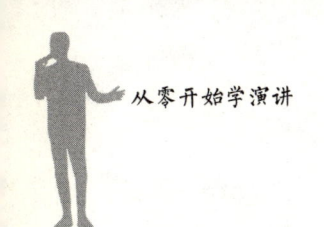

生活中的很多人都听过故事，但并非每个人都当众为大家讲过故事，讲故事看起来很容易，真讲起来就不那么容易了。可能你在听别人讲故事的时候，感觉别人讲故事总是绘声绘色，很吸引人，甚至让你废寝忘食地去听；可是一旦自己讲起来，仿佛就不是那么回事了，干干巴巴，毫无吸引力。因此我们可以说，讲故事也是一种能力，并不是人人都可以把故事讲好的。而当众讲故事更是一门比较难的学问。

毛泽东同志在中国共产党第七次全国代表大会上的闭幕词中有这么一段：

中国古代有个故事，叫作"愚公移山"。说的是古代有一位老人，住在华北，名叫北山愚公。他的家门南面有两座大山挡住他家的出路，一座叫作太行山，一座叫作王屋山。愚公下决心率领他的儿子们用锄头挖去这两座大山。有个老头子名叫智叟的看了发笑，说是你们这样干未免太愚蠢了，你们父子数人要挖掉这样两座大山是完全不可能的。愚公回答说：我死了以后有我的儿子，儿子死了，又有孙子，子子孙孙是没有穷尽的。这两座山虽然很高，却是不会再增高了，挖一点就会少一点，为什么挖不平呢？愚公批驳了智叟的错误思想，毫不动摇，每天挖山不止。这件事感动了天帝，他就派了两个神仙下凡，把两座山背走。

现在也有两座压在中国人民头上的大山，一座叫作帝国主义，一座叫作

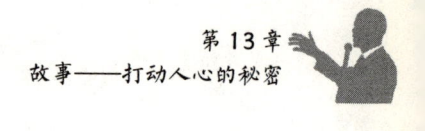

封建主义。中国共产党早就下了决心，要挖掉这两座山。我们一定要坚持下去，一定要不断地工作，我们也会感动上帝的。这个上帝不是别人，就是全中国的人民大众。全国人民大众一齐起来和我们一道挖这两座山，有什么挖不平呢？

毛泽东同志讲了"愚公移山"的故事，并且与当时的革命情况联系起来，更深刻地表现了现阶段国内的状况，对于下面的民众也更有说服力。

在班会课上，班长作了一个演讲：

日本有一家濒临倒闭的食品公司，为了起死回生，决定裁员三分之一。

有三种员工名列其中：一种是清洁工，一种是司机，一种是无任何技术的仓库管理员。经理找他们谈话，说明了裁员的意图。

清洁工争着说："我们很重要。如果没有整洁优美的工作环境，你们怎么能全身心地投入工作？"司机接着说；"我们很重要。这么多产品，没有司机负责运输怎么能迅速销往市场？"仓库管理员最后说："我们很重要。如果没有我们，这些食品岂不要被流浪街头的乞丐偷光？"听完他们的辩解，经理觉得他们的话都有道理，权衡再三，决定暂不裁员。

第二天，让所有员工没有料到的是，经理在公司门口悬挂了一块大匾，上面写着"我很重要"四个大字。就是这一句话，调动了全体员工的积极性，增强了大家的责任感，几年后，该公司迅速崛起，成为了日本有名的企业之一。

听完这个故事，在座的各位班委成员，是否意识到自己也很重要呢？如果意识到了，那就让我们分工合作，齐心协力，搞好班上的工作吧！

演讲者要想能够成功地当众讲故事，并通过讲故事来论证自己的观点，需要注意以下几点：

1. 选择合适的故事

你当众讲故事的目的是为了论证自己的观点，或者是深化讲话的内容，而并不是为了娱乐大家。所以，选择故事的时候要恰到好处，贴切自然；不能过于频繁，更不能生搬硬套，否则就会造成东施效颦、弄巧成拙的后果。

2.巧妙插入，并且适当加工

你在讲话的时候，需要巧妙地引入一个故事，而不能随便插进一个故事，否则听众会认为你讲话没有条理性。你在引用的的时候，可以根据讲话的需要，进行适当的修饰加工，或者是取其某个意义，找出这个故事与所论述内容的契合点，并进行解释，以达到说话的目的。

3.把握故事语言的个性化

故事的语言不同于其他文学形式的语言，它最大的特点就是口语性强、个性化强。所以当你准备开始讲一个故事的时候，要与你之前讲话的语言、语气区别开来，最好能使自己的感情与故事中人物的感情相融合，做到惟妙惟肖地表达故事情节和人物性格。把一个故事讲得引人入胜，这也是你吸引听众的一个关键点。

小贴士

通常情况下，精彩的演讲是理论与故事的糅合，由理论引出故事，由故事得出结论，彼此映衬而又相得益彰，最终使整个演讲精彩绝伦。当然，选择合适的故事是很重要的，必须选择能符合演讲内容、贴合听众的故事。

诙谐故事，别有风趣

在演讲过程中，若是引用一些诙谐的故事，能让你的演讲别有风趣。有趣的故事能充分调动听众的热情，而且给人留下深刻的印象，甚至会令听众期待你的下一次演讲。通常情况下，演讲内容大多是枯燥而乏味的，不是专业知识，

第 13 章
故事——打动人心的秘密

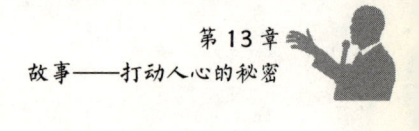

就是大堆大堆的辞藻堆积，在这样的情况下，演讲者讲得费劲，而听众听着也烦躁。更何况，现代社会生活节奏如此之快，谁愿意坐上几个小时来听一些枯燥乏味的演讲呢？

唯一可能的理由就是，演讲者本身很有趣，总是擅长使用一些幽默诙谐的故事。如果不是这样，即便大厅坐满了听众，对听众来说，也是人在曹营心在汉，他们根本就没注意到你讲了什么。

这是前外交部长李肇星在南大的演讲：

我问你们洪书记讲什么，洪书记说，你放开来讲吧，这是南大的传统。这个授权太大。由此我想起一个未经证实的小故事，美国前总统小布什，一次给全国老百姓演讲，说，我今天讲以下五点，结果讲到第四点，想不起来第五点了（笑声）。以后小布什讲话，再也不事先说讲几点了，常说，"我讲以下几点"。所以，今天我向人家学习，也讲以下几点。

……

我大学读的是英文，现在，谁都会说 OK！大学生、小学生都会说，当官的会 OK，小品演员更不用说。但我读大学一年级的时候，一说 OK，老师就要扣分。为什么呢？原来，OK，是美国最大的海港纽约港一个码头工人英文名字的缩写。这个码头工人，没有念过什么大学，也没有念过中学，就是干粗活的，他负责检查包装箱是否合格，他认为合格，就会写上自己的英文名字：一个"O"一个点，一个"K"一个点。慢慢地，人们一看到 OK，就知道可以啦，好啦！所以，现在一个事情好了，大家都说"OK"。

欧洲文艺复兴之前，在现在的意大利，亚平宁半岛上的一个地方叫佛罗伦萨，是但丁的故乡，那里的饭菜做得不错，餐厅里的男服务员为了吸引顾客的注意，用脚尖走路，上牛肉的时候，头上戴的牛角，上羊肉的时候头上戴的羊角，事实上这就是芭蕾舞的起源。

最初的芭蕾舞是以男主角为中心，妇女是不能上场的，后来法国出了个国

159

王，叫路易十四，也叫"太阳王"，从佛罗伦萨娶了一个女孩，这个女孩就把原始的芭蕾舞带到法国的皇室。慢慢就有了商业性的演出，但还是以男演员为主；女演员上台演出，必须穿拖地的长裙。到1688年，有四个女孩特别大胆，她们背着导演，背着舞台监督，商量好要脱掉长裙穿比较短的裙子演出，没有想到演出效果出乎导演的意外，受到观众的喜爱。从此以后，女演员慢慢占领舞台中心。你看，这么高雅的艺术，也是劳动人民创造的。

……

我对南大很有感情。很早就读过匡亚明校长的文章。后来给南大还推荐了一个好学生。他在外交部工作，非常优秀，他心仪南大，希望我能为他写个推荐信。结果他被录取了。他是谁呢，就是现在的外交部长杨洁篪……

在李肇星先生的整个演讲过程中，可谓是笑声不断，当时南大能容纳500人的礼堂一下子爆满了，连人行道都站满了人。李肇星诙谐的演讲风格，使整个会场的气氛变得轻松而愉快，名人与学生之间的距离，一下子就缩短了。

对于演讲者来说，需要充分显示自己的幽默感。一句得体俏皮的话，立即就会让你和听众之间的距离缩短，并让你获得好感；几句对付难题的机智回答，能让自己摆脱困境，并体现美好的自我形象，获得听众的同情和赞美。

实际演讲过程中，如何才能把生活与工作中的故事与演讲结合呢？

1. 符合主题的故事

讲的故事需要符合演讲主题，这样才能满足观众的期望。当然，在这之前需要提前想好一些符合主题的故事。以自己的感受，发挥身体感官的作用，就会发现生活中处处都是能够用来作演讲的故事题材。平时也可以收集一些关于演讲主题方面的趣闻、剪报、图片、视频或新闻等。

2. 完整而动人的故事

好的故事必须有创意，多看一些报道，慢慢学会以一个夺人眼球的标题吸

第13章
故事——打动人心的秘密

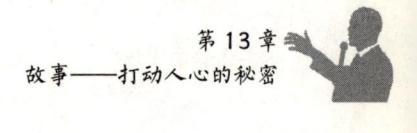

引听众的注意力。当然，故事的主体也要沿承这个风格，而故事的关键点通常要用一句颇有哲理的话来总结，这样才能让听众印象更深刻。

3.有情感的故事

对某些需要深含感情的演讲主题，需要侃侃而谈，情绪激昂。可以通过多种途径选择有趣的轶事见闻，找到这个故事与演讲主题的联系，从联系点着手，这样就会让一个枯燥无味的主题生动起来，丰富起来。

4.生活化的故事

如果仅是讲诉一些伟大人物的故事，且又是众所周知的故事，对听众而言是没有丝毫吸引力的。寻找一些生活化的故事，从真实的生活片段里选材，自然而流畅，这样就会与听众产生共鸣。

5.久远的故事

一个与听众产生情感共鸣的演讲，才能使人铭刻在心。所讲的故事，就好像是他们的过去，每一个听众就像是我们身边的朋友、邻居，大家共同生活在一个世界里，故事里会有很多的交集。所以，试着讲一些久远的故事，也能打动人心。

小贴士

在演讲过程中，并非每句话都要力求诙谐。诙谐故事不仅需要风趣，更需要与演讲主题呼应，这样才能更好地达到幽默的效果，更真实地表达情感。

叩击心扉，引人入胜的故事

叩击心扉的往往是引人入胜的故事。这种吸引别人继续听你说话的手段，

161

就像电视剧吸引观众继续看下去用的招式。电视剧每播出一段，就要进一段广告，而在进广告之前，画面会停止在最精彩的一刻：男主角赏女主角一记耳光，或是已经扣住了扳机的手枪指着女主角，或是男主角被坏人打下了山崖。这些悬疑而精彩的故事情节，引发了观众的好奇心，他们都想知道"后来怎么样了"，好奇心促使他们继续看了下去。

课堂里所有人都在准备笔记，每个人依然习惯性地敲着笔记本，然而接下来发生的事却令所有人惊讶不已。

一位少年自信地从讲台后站了出来，用洪亮而活泼的声音说道："今天我要向大家分享一个 16 岁天才少年的故事……"敲击键盘的声音戛然而止，所有人的目光都落在他身上。

他展示了一张巨幅照片：一位报纸摊主满脸忧伤，标题是"罗斯福逝世"。

他说："这张如今很著名的照片是由这个 16 岁少年在 1945 年拍摄的，并以 25 美元的价格卖给了一家杂志。"

他随后又展示了几幅这个少年拍摄的照片：有擦鞋工凝望一群飞鸟的唯美照片；有舞女郎对着镜子涂口红的照片。就在大家都好奇地思索着这个神秘摄影师是谁的时候，他说道："这个少年日后成为史上最有影响力的电影导演之一。你们知道他是谁吗？"

教室里的人都眼巴巴地等着答案，"他是斯坦利·库布里克。"少年答道。

悬疑式说话方式取自于悬疑式小说，悬疑小说是一种具有神秘特性的推理文学，可以唤起人们的本能，刺激人们的好奇心。无论是悬疑式说话方式还是悬疑小说，它们的目的都是给听者或读者留下悬念，让他们心中产生无数个疑问，然后引领他们一步一步地揭开悬念。说话者可以通过对环境特定场景的描述，引起读者的警觉，令其不由得为主人公的处境担忧起来，总想知道"后来怎么样了"，憋在心里的一口气要待到整个事件水落石出才能吐出。

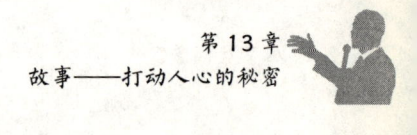

希区柯克，著名导演，其悬念电影闻名世界。他的悬念电影比较注重故事的发展过程，注重渲染各种气氛，让观众以更为紧张的心理状态去关注主人公的个人命运，对人类的心理世界有着深刻的体悟。由此可见，悬疑式说话方式最大的特色，就在于对环境气氛的渲染，它的目的就是让听者兴奋起来，愿意将你的话继续听下去。

1. 设置悬念

引人入胜地讲故事最大的特点就是设置悬念，注重调整叙述事情的顺序，注重渲染说话气氛，激发听者的好奇心，并迫不及待地想了解后来的情况。如果你对朋友说"今天我在商场看见了刘德华"，旁边的人一定会问"后来呢"，他们想知道你有没有跑过去要签名，刘德华本人帅不帅，刘德华去商场干什么呢……

2. 如何设置悬念

当然，设置悬念的具体方式有很多种：以环境叙述为悬念，"大年夜那天冷极了，下着雪，天快黑了，我看见一个小女孩光着脚走在街上"，这时候对方一定会问，"这个小女孩是干什么的""还下着雪，她怎么会光着脚""大年夜，她为什么不赶快回家过年"，把人物放进这样一个典型的环境中，便紧紧地扣住了对方的心弦。以某场面或某一段情节为悬念，"周瑜施毒计，要诸葛亮10天造好10万枝箭，诸葛亮却说只用3天，还立下了军令状"，诸葛亮后来成功了吗？这自然能引起对方继续听下去的欲望。

3. 中途停顿

悬疑式说话的另一大特点就是渲染气氛，这就需要调整语气，适时停顿。如果你像读课文一样讲述某件事情，对方也许会听得昏昏欲睡。所以，蔡康永建议，当你向朋友转述一件事情的时候，说了几句话或者描述了一个情节后，可以先停顿一下，看你朋友不会不问你"后来呢""然后呢"。

4.如何练习"悬疑式讲话"

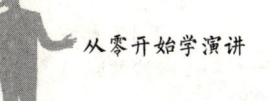

在叙述事情的时候，最好中途停顿，看对方有没有追问"后来呢"。如果对方这样追问了，那表示你的叙述事情的方式是吸引人的；如果你停顿了，对方并没有追问，反而把话题转移开了，这表示你设置的悬念有偏差。也可以找机会改个方法，把同一件事用别的顺序再讲一遍，看对方这次会不会问"后来呢"。

小贴士

人必须知道很多事情后来是怎么发展又怎么结束的，因为这是人从原始时代开始向同伴们学习生存之道的方法。每个人都有好奇心，因此我们可以利用 "悬疑式"说话方式激发出大家想听下去的欲望，从而达到引人入胜的目的。

把控故事爆点，吸引听众注意力

很多人在演讲中讲故事时，习惯将爆点藏在故事临近尾声的部分，然而，很多时候下面的听众熬不了那么久，听到一半就纷纷离场了。每一个故事都有精彩的爆点，也就是故事的高潮部分，这是每个人都想听的，是高潮让人们有那种想继续听下去的欲望。如果你说"这一张很小的油画就能卖两三百万"，相信大家都会惊奇地问"为什么会这样呢""这是怎么回事"。

有一次，蔡康永需要在节目里介绍画家常玉的生平，他知道许多观众没有听说过常玉，他也了解许多人认为画家其实离大部分人的日常生活很遥远。为了做好这期节目，蔡康永花了一番心思，他想，如果自己在节目一开始就说

第13章
故事——打动人心的秘密

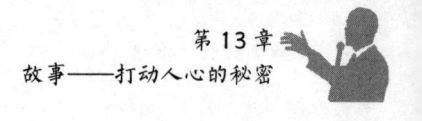

"常玉年轻的时候就很想到外国去留学，他家里当时还算有钱，就花钱把他送去巴黎"，大部分观众并不会感兴趣，可能观众会想"常玉是谁啊，我听都没有听说过"。所以，在正式录节目的时候，蔡康永把故事的顺序改了一下，节目一开始，他就拿起常玉的传记说："我手上这本书，大概只比鼠标垫大一点点，如果上面画的都是常玉的油画，那么，它的市场价格大概是台币两百万到三百万。"这样的开场方式让蔡康永留住了很多听都没有听过常玉名字的观众，因为他一开始就讲出了故事的爆点。

由此可见，说话与写小说有着很大的区别的。一般而言，小说是以塑造人物形象为中心，通过完整的故事情节的叙述和深刻的环境的描写反映社会生活的文体。而且，大多数小说都会以故事情节的发展来设置高潮，它带领着读者一步一步走进故事最精彩的部分。而"把故事的爆点放在最前面"这样一种说话方式，实际上是一种"倒叙"的模式。

我们在阅读小说的时候会发现，故事情节的高潮部分通常会安排在结尾部分或者中间部分，小说这样一种结构的安排会让读者身临其境。但是，如果我们在说话时也将最精彩的一部分放在最后面，那么听者有可能刚听了一部分就哈欠连天了，因为他们的注意力不能长久地保持下去，最终导致整个讲话的失败。

当然，"把故事的爆点放在最前面"时也要注意使用恰当的过渡句，否则就会使故事头绪不清，脉络不明，最终影响到你的表达效果。

1. 讲话中灵活使用"倒叙"

如果把故事的爆点藏在太后面，很容易让故事变得枯燥。那么，如何才能让你的讲述更生动呢？秘诀就是"调整故事的顺序"，也就是我们在叙述故事时经常用到的"倒叙"。它是根据表达的需要，把故事的结局或某个最重要、最突出的片段提到讲述的最前边，然后再解释"为什么会出现这样的情况"，即把故事按原来的发展顺序进行讲述。

165

这样的"倒叙"方式不仅在说话中经常使用，也会用到电影创作中。比如，苏联影片《这里黎明静悄悄》里，最开始的情节是"年迈的上尉带领几个年轻人在扫墓"，然后再倒叙墓碑下牺牲的年轻女战士们那可歌可泣的故事。另外，《辛德勒名单》《泰坦尼克号》等电影都采用了这种方法。

2. 如何使用"倒叙"

"倒叙"的说话方式，并不是把整个故事都倒过来叙述，而是把最精彩或高潮部分提前，其他的部分仍采用一般的讲述方式。在日常生活中，当我们需要表现话题的中心时，就可以把最能表现主题的部分提到前面，比如董事长在开始就说出会议主题；有时候为了使自己的讲话富于变化，避免平铺直叙，也可以使用倒叙；其实，更多的时候是为了表达效果的需要，使自己的讲述曲折有致，给人造成悬念，引人入胜。不过，需要注意的是不要没有目的地颠来倒去，反反复复，使整个故事描述不清。

3. 如何练习这种说话方式

如果有兴趣练习这种说话方法，可以看看报纸或网络上的新闻都喜欢用什么样的标题，以吸引读者把整则新闻看完。一般而言，新闻的标题都是整个新闻事件的爆点，这是无可厚非的。这样，撰写新闻标题的人就不用担心读者不看新闻了，因为标题往往能激发读者的好奇心。所以，要想练习这样的说话方式，可以在平时多看看新闻是如何拟写标题的，并且在实际讲述故事的过程中，尽可能地调整故事的顺序，把故事的爆点放在最前面。

小贴士

把故事的爆点放在最前面，能增强故事的生动性，在听者心中留下悬念，这样的叙述更能引人入胜，同时也可以避免说话的平板和故事情节的单调。采用这样的说话方式，主要是为了给听者制造悬念，引人入胜，起到特殊的表达效果。

第 14 章
结尾——帷幕是点睛之笔

演讲结束语是演讲内容的收尾，起着深化主题的作用，结束语可以有归纳、引文、反问。当然，演讲结束时还可以用感谢、展望、鼓舞等语句作结，这样可以让演讲自然收束，给人留下深刻印象。

结尾有力度，让听众回味无穷

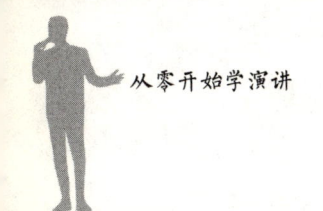

现实生活中，很多演讲者都深知开场白在演说过程中的重要性，因此，他们倍加重视演说的开头部分，但很少有人愿意在结尾上多作雕琢。他们仅是轻描淡写地草草收场，结果可想而知：费尽口舌发表的长篇大论很快就被人们遗忘。要想使人记忆深刻，你的结尾必须像开场一样气势磅礴，掷地有声。

演讲的结束语应该简洁有力，余音绕梁。结尾是演讲内容的自然收束。言简意赅、余音绕梁的结尾能够使听众精神振奋，并促使听众不断地思考和回味；而松散疲沓、枯燥无味的结尾则只能使听众感到厌倦，并随着时过境迁而被遗忘。

富兰克林的制宪会议收尾演讲是这样的：

先生，我承认，这部宪法中的若干部分，我现在还不能同意，但我没有把握说，我将来永不同意这些部分。活了这么大的年纪，我已经历过许多场合……从未在外面窃窃私语。在此四壁之内，我的话语诞生，也在这里消失。如果我们每个回到选民那里去的人，都向他们报告自己对宪法的反对意见，力图获得一帮一派的支持，我们或许要避免大家采取这种做法，免得我们的崇高努力前功尽弃，我们真实或表面的全体一致，自然会在世界各国和我们自己人中间产生出高尚效果和巨大益处。任何政府，为了获得和保障人民的幸福，大部分的力量和效能，取决于印象，取决于民众对政府的良好印象，取决于对治理者的

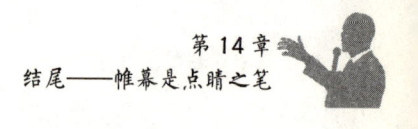

智慧和人格完整的良好印象。为此，我希望，作为人民的组成部分，为了我们自己，为了子孙后代，我们采取全心全意、全体一致的行动，尽我们能力所及，推荐这部宪法（如果得到邦联议会的认可和各邦制宪会议的批准），把我们未来的思想和努力，转向治国安邦。

先生，总的来说，我禁不住想要表达一种愿望：制宪会议中每位对宪法或许还有异议的代表和我一起，就此机会，略微怀疑一下自己的一贯正确，宣布我们取得一致，在此文件上签上他的名字。

在这一收尾中，富兰克林总结了自己演讲的观点，发表了自己的愿望——为了我们自己，为了子孙后代，我们采取全心全意、全体一致的行动，尽我们能力所及，推荐这部宪法。如此一来，整个演讲在缜密、严谨的推理论述以及有力度的收尾中结束，可谓无懈可击。

那么，演讲者怎样才能给听众留下深刻的印象呢？其实要结束一次演说并不那么简单，这需要演讲者运用一定的艺术手法。演讲者发表演说，在收尾时需要做到：

1. 要总结观点

之所以要总结观点，是因为演讲者演讲总是有一定的主题和观点。但有时候，一些演讲者在演讲的时候，兴之所至，会不知不觉地使谈话范围涵盖得很广泛，以至于结束时，听众都有点"丈二和尚摸不着头脑"了。

可能很多演讲者存在这样的误区，他们认为自己所讲的观点在他们自己的脑海中如同水晶那般清楚，所以听众也应该对这些观点同样清楚才对。而事实证明，这只是一厢情愿而已。

因此，演讲者在进行一段慷慨激昂的陈词之后，可以用极其精练的语言，简明扼要地对自己阐述的思想和观点作一个高度概括性的总结，以起到突出中心、强化主题、首尾呼应、画龙点睛的作用。

2. 要请求采取行动

演讲的目的不仅在于传达某种观点，更要有实际效用。成功的演讲者在讲演中说最后几句话时，会号召听众采取某种实际行动，并表明时机已经成熟。同样，我们在发表演讲时，也不要忽略这点。不过，请务必遵从以下原则：一是要求他们做明确的事；二是要求听众做能力之内的反应；三是尽量使听众易于根据请求采取行动。

3. 结尾达到高潮

激发高潮就是演讲效果层层推进、逐步向上发展，句子的力量也越来越强烈在结尾时达到高峰。这种方法是很普遍的结束方式。不过，往往较难控制，但是如果处理得当，这种方法是相当好的。

4. 把握收尾时间

美国作家约翰·沃尔夫说："演讲最好在听众兴趣到高潮时果断收束，未尽时戛然而止。"这是最为有效的演讲结尾方法。因为在演讲处于高潮的时候，听众大脑皮层高度兴奋，注意力和情绪都由此而达到最佳状态，如果在这种状态中突然收束演讲，那么保留在听众大脑中的最后印象就会特别深刻。

这里，需要演讲者掌握好时间，使演讲结束得从容不迫，自然得体。我们所说的结尾要有力度，不可贻误最佳的结束时间，当然不是指毫无准备地突然使演说中断。相反，即使演说恰到好处了，也不可猛丁地来个"问题陈述完毕""以后再谈吧"等。为此，这就要求我们审时度势，对于结束演说应事先有个心理准备，并预先留出一点向结束过渡的时间，为结束演说创造一定的条件。否则，在缺乏思想准备的情况下，丝毫没有过渡地突然将演说终止，不仅会给听者留下粗鲁无礼的感觉，还会令演说显得虎头蛇尾。

当然，演讲稿的结尾没有固定的格式，演讲者可以或对演讲全文要点进行简明扼要的小结，或以号召性、鼓动性的话收束，或以诗文名言以及幽默俏皮

第 14 章
结尾——帷幕是点睛之笔

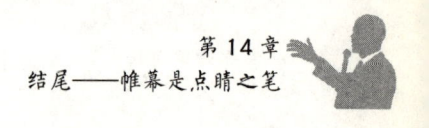

的话结尾，一般原则是要给听众留下深刻的印象。总之，演讲者发表演说，要重视收尾，结尾一定要简洁有力，不可草草收场！

小贴士

俗语说得好："编筐编篓，重在收口。"好的演讲收尾部分往往是点睛之笔，既是收尾又是高峰；既水到渠成，又戛然而止；既铿锵有力，又余音袅袅；既别开生面不落俗套，又来得自然，能给人以深刻的印象。

首尾呼应，深化演讲主题

所谓首尾呼应，就是文章的开头和结尾在内容上互相关照、互相呼应，对于前面讲的内容，后面要作出相应的交代。而这一手法，同样可以运用于演讲者的演讲活动中。演说收尾过程中，常出现以下两种情况：一些演讲者说话收尾拖沓冗长，犹豫不决；另外一些演讲者倒是毫不犹豫，甚至戛然而止，使听众不知道中间的空白是暂时停顿还是最后的结束。而精彩的演说在收尾时往往能斩钉截铁，并能与与开场白时吸引听众注意力的办法相呼应。

尼日利亚的渥雷·索因卡是第一个接受诺贝尔奖的非洲人，他在 1986 年诺贝尔文学奖授奖仪式上作了《这一段过去必须诉诸现在》的讲演。他的讲演回溯非洲历史，特别是南非的历史，正是为了纠正过去的记录。这段历史不仅控诉种族歧视政策，也控拆那些心照不宣默许种族歧视在南非继续存在的政府。演讲既表达了这位非洲作家对自己任务强烈的、有时是使人筋疲力尽的献身精神，又间接地回答了别人关于他对艺术家责任的特殊的批评。

索因卡在结束他的演讲时告诫他的白人听众说，虽然由于"黑色人种的宽

171

恕能力"（那是"根植于他们的世界观和真正的宗教的道德训诫所熏陶出来的"），迄今为止尚能使争端趋向和解，但这一事实"并不能用来证明黑人的忍耐是无限的、是毫无批判能力的"。这一结尾振聋发聩，引人思考。

在渥雷·索因卡演讲的结尾，他采取告诫式的方式再次重申了自己演讲的主题，首尾呼应，引起了人们对某类问题的关注和思考。

首尾呼应重在结尾对开头的呼应。那么，演讲者如何才能做到首尾呼应呢？

1.重述开头法

重复式的结尾方式是强有力的——它使演讲主题更加清晰，并且能够在演讲厅中创造出一种节奏感，维持演讲者与听众之间的联系。对于任何一个演讲来说，这都是一种安全、自然的结尾方式。

1989年，西班牙的卡米洛·何塞·塞拉·特鲁洛克获诺贝尔文学奖，塞拉在授奖仪式上发表了题为《虚构颂》的演讲，他这样结尾："通过努力和想象，人最终可以成其为人。在这种很大一部分尚未完成的事业中，虚构在任何时候、任何情况下都是一个决定性的工具：在通向自由的无尽的征途上，它能够给人们指引方向"。

结尾直接回归演讲的主题《虚构颂》，强化了他自己所倡导的"虚构"的重要性，将他的文学主张重重地烙在了人们的心里。

再次提及开头讲过的笑话或故事，或重复你的主题句和支持性陈述，使它变得更有趣；或者把它稍加改动，使之适用于你的主题，是一种有效而可靠的结束演讲的办法。这样做，会帮助你不断敲击听众的心扉，以下这个模式可以帮助你很好地维持与听众之间的联系：

演讲开始时——你将要告诉他们什么？

演讲过程中——告诉他们。

演讲结束前——你已经告诉了他们什么？

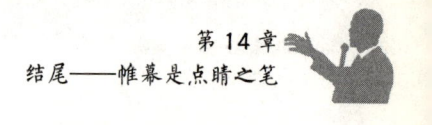

演讲者可以在演说中运用以下这些收尾话术：

"我已经说过，同事们，你们都是全公司最优秀的团队。每年，你们都以公司最优秀员工的身份站在领奖台上，你们已经无数次向其他所有人展示怎样才能取得优异的成绩。我很高兴，也很荣幸能够和你们一起走向成功。"

"可见，我们必须学习一些新软件的操作方法，以便接受并掌握总部所投资的新型的顾客数据库系统。"

"说实话，我们现在不得不改变我们为顾客服务的方式，为那种逐一追踪的销售模式画上一个句号，并创造一个新的系统，让我们随时了解生产线上每一产品的情况。"

"我已经要你们接受管理方式上的转变，并祝贺与支持詹妮弗升任我们的区域销售总监。"

虽然这并不是一种别致、激动人心的结尾方式，但是它不仅能帮助你重申演讲主题，还能帮助你巩固信心，特别是当你振奋精神、让你所说的最后几句话具有了一种像音乐一样的旋律时，这种结尾方式对你最为有利。

2. 回答演讲开场的问题

举个很简单的例子：

"生命是什么？生命是或起或落，飘忽不定的云吗？生命是傲然挺立，高耸入云的树吗？生命是奔流到海，不舍昼夜的河吗？"

"生活告诉我们：生命是云，为了理想奔走四方；生命是树，为了理想永远向上；生命是河，为了理想顽强执着。"

这是某次演讲的开头与结尾，开头提出问题"生命是什么"，并且用比喻、排比的句式具体化了问题。结尾部分，演讲者对开头的问题一一作了回答，使抽象的生命更加具体，并揭示了生命的真谛在于奋斗，在于坚持，在于永不言败。如此一问一答，首尾呼应，升华了演说的主旨。

可见，演讲者在演说收尾时若能做到首尾呼应，那么不仅能照应文章的开头，还能升华演说的主题。

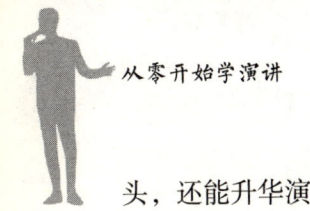

小贴士

演讲者发表讲话，多半是为了起到鼓舞、震慑人心的作用，对此，你不妨在演讲开头提出一个关于演讲主题的问题，在演讲收尾时对这一问题进行详细阐述，这样前后呼应，自然能彰显演说主题。

画龙点睛，点醒台下听众

元朝学者陶宗仪对写文章有个"三段论"的说法，即"凤头、猪肚、豹尾"，而演讲者发表演说与写文章一样，也需要有"引子""正文"和"收尾"。这三个部分在演讲过程中缺一不可，且演讲者只有把这三个部分处理得好，方能使得一次演讲有个满意的结果，否则，就有可能使演讲陷入拖沓、无味，甚至不知所云的窘境。

因此，无论演讲者在演说时追求怎样的艺术效果，在结尾时都必须要达到总结陈词、点醒听众的作用。不要敷衍潦草而含混不清地说出最后一句话，或者用最后几分钟收拾自己的演讲笔记准备溜走。

那么，演讲者该如何收尾才能起到画龙点睛、点醒听者的作用呢？

1.总结演讲的中心内容和思想

演讲者演讲，总是有一定主题的，在你发表完一段慷慨激昂的陈词之后，可以用极其精练的语言，简明扼要地对自己阐述的思想和观点作一个高度概括性的总结，以起到突出中心、强化主题、首尾呼应、画龙点睛的作用。

如演讲稿《永照华夏的太阳》的结尾：

第 14 章
结尾——惟幕是点睛之笔

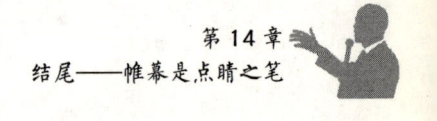

我们是从哥白尼日心说中认识太阳的，我们又是从历史的迁徙中认识中国共产党的。八十年过去了，八十年斗转星移，日月变迁。太阳的辐射仍依托马列主义的热核放出它巨大的能量，从而去凝聚着属于它普照的民族和人民。月亮离不开地球，地球离不开太阳，人民离不开党。祖国的未来，中华的腾飞，需要中国共产党的领导，党就是永照华夏的太阳，也就是我们心中的太阳。

这个结尾高屋建瓴，总揽全篇，巧妙地从自然界的太阳与华夏儿女心中的太阳的对比中，总结归纳出了"地球离不开太阳，人民离不开党"的结论。字里行间流露出对太阳的希望与向往，对共产党的歌颂与赞扬，给听众留下了深刻的印象。

2.抒发感慨式

演讲者在结尾抒情怀、发感慨的内容，本身就是整个演说的核心思想，而把这些思想注入自己的情感，最易激起听众心中感情的浪花。如演讲稿《奉献之歌》的结尾：

啊！奉献，这支朴实的歌，这支壮烈的歌，这支深远的歌，这支永远属于母亲——我们的祖国的歌，让我们每一个中华儿女都来唱这支歌吧！

这个结尾，感慨万千，诗意浓浓，情真意切，情理俱在，给听众以极大的鼓舞和激励。

3.号召、希望式

演讲者用提希望或发号召的方式结尾，以慷慨激昂、扣人心弦的语言，对听众的理智和情感进行呼唤，或提出希望，或发出号召，或展示未来，以激起听众感情的波涛，使听众产生一种蓬勃向上的力量。如演讲稿《一位纪委书记的"小家"和"大家"》的结尾就是用提希望的方式。

同志们，朋友们，我们正处在一个伟大变革的黄金时代，经济的发展，国家的富强，民族的振兴，需要全体人民的艰苦奋斗，特别是共产党人的模范带头作用。如果每一个共产党员都能正确处理好"小家"和"大家"的关系，严

175

格地按党性原则要求自己，用党的纪律约束自己，用党旗下那神圣的誓言激励自己，那么我们党的形象将会更加光彩照人，我们党将会更加坚强伟大！

这种结尾的方式是演讲者用深刻的认识和独到的见解向听众提希望、发号召，能使听众精神为之一振，具有动人情、促人行的作用。

4. 警醒听众式

1971年，智利作家巴勃罗·聂鲁达在题为《通向光辉之城》的诺贝尔文学奖受奖演说中提出，文学公开的推动力量在于提高诗人与公众联系的责任感，并承担社会进步变革的责任。这位智利获奖者用一个警句"诗是不会徒然吟唱的"结束了他的演讲。这个结尾既充满哲理，又给人鼓舞。

演讲者使用这种收尾方式突出重点时，应当注意，演说的目的重在鼓舞人心，而非危言耸听。

5. 评价式

评价式结尾在令人思索的同时，也能给人力量。

英国的 T·S·艾略特是1948年的诺贝尔文学奖得主，他的受奖演说简短而富有个人特征——艾略特以对诺贝尔文学奖象征意义的评价结束他的演说，他形容这次奖励"主要是对诗歌的国际价值的肯定"。有了这样一个相信诗歌具有超越和联系不同民族的作用和前提，就必须要指出，一个诗人站在世界的面前，并不是凭自己的成就，而是"作为一个时期的象征，象征着诗歌的伟大意义"。这段评价热情洋溢，具有极强的鼓动性。

另外，演讲者在演讲收尾前，应早有准备，要熟记自己的结束语，这样在总结陈述时可以始终保持与听众的目光交流。结束讲话后，短暂地收回目光，然后重新与听众进行目光交流。这时，你会感到大家的注意力又从演讲内容转移到你身上。这时不要忘记为听众留下肯定的自我印象，从而不至于削弱最后一句话的效力。

总之，好的结尾能揭示题旨，加深认识，给听众留下完整深刻的印象；能

第14章
结尾——帷幕是点睛之笔

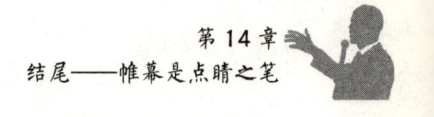

收拢全篇，使通篇浑然一体；能鼓动激情，促人深思，令人觉醒，能让听众在反复回味中受到教育和启发。

小贴士

每位演讲者不仅要熟练地掌握演讲结尾的艺术技巧，而且要善于设计，安排出既符合内容要求，又符合演讲时境的新颖而又精彩的结尾，只有这样，才能使自己的演讲取得全面成功。

热情洋溢的结尾，博得满堂彩

结尾对于演讲的重要性早已毋庸置疑。一个演讲者能在结束时赢得笑声，不仅是自己演讲技巧十分成熟的表现，更能给本人和听众双方都留下愉快美好的回忆，同时也是演讲圆满结束的标志。

在所有的结尾方法中，幽默式结尾是最能被听众接受的了。演讲者在公共场合的演说，如果也能以用幽默、风趣的语言结尾，那么，可为演讲添加欢声笑语，使演讲更富有趣味，令人在笑声中深思，并给听者留下一个深刻的印象。

当然，演讲者利用幽默结束演讲时，要做到自然、真实，使幽默的动作或语言符合演讲的内容和自己的个性，绝不要矫揉造作、装腔作势。否则只会引起听者的反感。

那么，怎样才能达到这种效果呢？

1. 造势

我国著名作家老舍先生是好幽默的。他在某市的一次演讲中，开头即说"我今天给大家谈六个问题"，接着，他第一、第二、第三、第四、第五，井井有

177

条地谈下去。谈完第五个问题，他发现离散会的时间不多了，于是他提高嗓门，一本正经地说："第六，散会。"听众起初一愣，不久就欢快地鼓起掌来。

老舍在这里运用的就是一种"平地起波澜"的造势艺术，打破了正常的演讲内容，出乎听众的意料，从而收到了幽默的效果。

2. 省略

1985 年底，全国写作协会在深圳罗湖区举行年会。开幕式上，省、市各级有关领导论资排辈，逐一发言祝贺。轮到罗湖区党委书记发言时，开幕式已进行了很长时间。于是他这样说："首先，我代表罗湖区委和区政府，对各位专家学者表示热烈的欢迎。"掌声过后，稍事停顿，他又响亮地说："最后，我预祝大会圆满成功，我的话讲完了。"他以迅雷不及掩耳之势结束了演讲。听众开始也是一愣，随后，即爆发出欢快的掌声。

这位书记从"首先"一下子跳到"最后"，中间省去了其次、第三、第四……这样的讲话，如天外来石，出人预料，达到了石破天惊的幽默效果，确实是独具风格，别出心裁。

3. 概括

某大学中文系一次毕业生茶话会，首先是系党总支书记讲话，三分钟的即兴讲话主要是向毕业生表示祝贺。然后是彭教授讲话，主题是希望同学们继续努力学习，还引用了列宁的名言。第三个讲话的潘教授朗诵了高尔基的《海燕》片断，以此勉励毕业生们学习海燕的精神。第四个讲话的系副主任希望同学们永远记住母校和老师们。紧接着，毕业生们欢迎王教授讲话。在毫无准备而又难以推辞的情况下，王教授站起来，先简单地回顾了数年来与同学们交往的几个难忘片断，最后一字一顿地说："前面几位给大家提出了殷切的希望，可我还是喜欢说他们说过的话。（笑声）第一，我要祝同学们顺利毕业！（笑声）第二，我希望同学们'学习、学习、再学习'。（笑声）第三，我希望同学们像海燕一样勇敢地搏击生活的风浪。（笑声、掌声）第四，我希望同学们不要

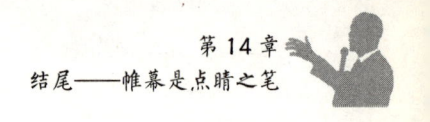

忘记母校，不要忘记辛勤培育你们的老师们！"

在这里，王教授通过对前面四个人的演讲主题的简练概括，旧瓶装新酒，不落窠臼，结束了一次机智、风趣且具有个性特点的演讲。

4. 对比

鲁迅先生在结束《在上海中华艺术大学的演讲》时说：

"以上是我近年来对于美术界观察所得几点意见。今天我带来一幅中国五千年文化的结晶，请大家欣赏欣赏。"说着，他一手伸进长袍，把一卷纸慢慢从衣襟上方取出，打开一看，原来是一幅病态丑陋的月份牌。顿时，全场大笑。

鲁迅先生借助恰到好处的道具表演，与结束语形成鲜明的对比，极具幽默感；不仅使演讲在欢快的气氛中结束，而且使听众在笑声中进一步感受到先生演讲的深意。

5. 双关

在延安的一次演讲会上，当演讲快结束时，毛泽东掏出一盒香烟，用手指在里面慢慢地摸，但掏了半天也不见掏出一支烟来，显然是抽光了。有关人员十分着急，因为毛泽东烟瘾很大，于是立即有人动身去取烟。毛泽东一边讲，一边继续摸着烟盒，好一会儿，他笑嘻嘻地掏出仅有的一支烟，夹在手指上举起来，对着大家说："最后一条！"

这个"最后一条"，毛泽东指的是最后一个问题，也是最后一支烟。一语双关，妙趣横生，全场大笑，听众们的一点疲劳和倦意也在笑声中一扫而光了。

6. 借助动作

借助幽默的动作来结束演讲，这样的例子虽很少见，但不乏珠玑。

美国诗人、文艺评论家詹姆斯·罗威尔1883年担任驻英大使时，在伦敦举行的一次晚宴上发表了一篇名为《餐后演讲》的即席演说。最后他说："我在很小的时候听人讲过一个故事，讲的是美国一个卫理公会的牧师。他在一个野营的布道会上布道，讲了约书亚的故事。他是这样开头的：'信徒们，太阳

的运行方式有三种，第一种是向前或者说是径直的运动；第二种是后退或者说是向后的运动；第三种即在我们的经文中提到的——静止不动。'（笑声）先生们，不知你们是否明白这个故事的寓意，希望你们明白了。今晚的餐后演讲者首先是走径直的方向（起身离座，作示范）——即太阳向前的运动。然后他又返回，开始重复自己——即太阳向后的运动。最后，凭着良好的方向感，将自己带到终点。这就是我们刚才说过的太阳静止的运动。"（在欢笑声中，罗威尔重新入座）

这种紧扣话题的传神动作表演，惟妙惟肖，天衣无缝，怎能不赢得现场听（观）众的热烈掌声和欢笑声！

小贴士

演讲的幽默式结尾方法是不胜枚举的，关键是演讲者要具有幽默感，并能在演讲中恰如其分地把握住演讲的气氛和听众的心态，这样才能使演讲结束语收到"余音绕梁，三日不绝"的轰动效应。

第 15 章
辅助——绿叶扶红花

演讲是需要一些辅助手段的，比如演讲者的穿衣打扮、演讲环境、视听辅助等，这些可以帮助听众理清思路，接受信息更有条理，增大信息接受量，加深印象，从而促进一场演讲的成功。

演讲是一场脱口秀

演讲，顾名思义就是表演和讲话。很多人认为演讲应该是一种真实情感的自然流露，表演太多会有作秀的嫌疑。所以，对于大部分的演讲者而言，他们往往讲的很多，而演的太少。事实上，演讲不仅是一门高超的沟通艺术，而且是一门卓越的表演艺术。

安徽卫视的《超级演说家》节目开播以来，许多人在这个舞台上呈现了精彩的演讲。其中在《我不是一个神经病》的主题演讲中，崔永平用舞台剧的表现形式，完美地阐述了他在专注一件事方面的疯狂和执着；在《小演员的明星梦》的演讲中，他的表演更是张弛有度、精彩纷呈，力压同一组表现十分出色的李鹤；身为话剧和相声演员的李林更是战胜演讲综合素质最高的完美选手陈铭，这些都更加说明了表演占演讲的份量之重。

1917年5月14日，列宁在演讲台上，时而来回走动，时而有力地挥动双臂，时而俯身，那激昂的声调，适当的动作，给人以无尽的感染力。对无产阶级革命必胜的信心，对人民的爱，对敌人的蔑视，是他演讲时激情和力量的源泉。因而在演讲中，他总是那么热情洋溢、精神振奋。

列宁在演讲时善于运用富有感染力的手势。当起义的工人、士兵攻下冬宫之后，列宁快步登上讲台。他面向台下群众，就像大乐队的指挥，身势稍向前倾，右手掌向前果断有力地推出。沸腾的冬宫顿时鸦雀无声，列宁震荡寰宇的声音

开始传向世界……列宁的这一手势，使人民群众看到了前进的方向，感受到了巨大的力量。多少年来，人们一看到或想到这一形象，就会对列宁心生敬意。

列宁的演讲，列宁的激情，没有丝毫的矫揉造作的成份，完美地呈现出一场感染力极强的演讲。他不以美丽的辞藻来哗众取宠，不以无病呻吟来博取同情，而是以自己坚强的信念和执着的追求以及对是非功过的正确认识来激励、鼓舞群众，号召他们起来斗争。

对于一个热衷于演讲的人而言，每一次演讲都期待能拿一个奥斯卡奖，即便他的故事已经讲过无数遍了，开始演讲时也依然像第一次演讲那般认真。于是，许多成功的演讲者都运用表演技巧来提升自己的台前技巧。因为演讲者的工作和演员的工作有相似之处，那就是吸引听众。

1. 即兴演绎

对于专业演讲者而言，他们可能会将同一篇演讲稿放到不同的场合演讲，但是如果在每一次演讲时都没有进行再创造，原封不动，甚至连标点符号都不改一下地背诵演讲稿，这是无法给演讲者本身带来演绎的激情的。尽管演讲的内容大同小异，但在细节部分，诸如讲诉故事方面，则应该即兴演绎，用当时你认为最好的用词和表达方式，这样会使你显得更有创意，演讲也更加自然。

2. 将故事个性化

演讲中所讲的故事有可能是朋友经历的，或者从邻居那里听来的，但是只要你觉得有必要用在演讲里，就应该重新塑造，以不同的角度、不同的方式来讲述它。如果你在讲故事之前不能很好地领会它，只是简单地复述，那听众也难以很好地理解。将所有的素材个性化，变成自己的东西，那每一次体验都将是新鲜的。

3. 浓烈的表达意愿

演讲者在每一次演讲时都应该有强烈的表达意愿，并且将需要传递给听众的信息成功地传递出去。演讲者本身的意愿是说服听众，而不是单纯地讲，如果演讲者本身只是提出观点，而不考虑听众是否接受，那只能是一种照本宣科的背诵式的演讲。

4. 戏剧的真实演绎

演讲者在演讲时通常会真情流露，但仅有真实，缺乏戏剧化，是没办法吸引听众的。因此，演讲者在实际讲话时应该适当地夸大自己的真实反应，使整个演讲趋于戏剧化，这样往往会产生意想不到的效果。

5. 热烈地开场表演

演讲开始时，通常需要热身，这样可以很快地抓住听众。作为演讲者，你必须以充沛的精力激发和鼓舞听众，热烈的开场会让听众有一种振奋的精神状态。但是，不宜花太多时间来热身，这样会失去听众的。

6. 多样性地演绎

演讲最忌讳重复，因为听众集中注意力的时间比较短暂，所以要不断地变化演讲方式，这样才能有效地抓住听众的注意力。比如故事——过渡——故事——主要观点——故事，在演讲中使用多样化的内容和方式，适时停顿，那听众就会由衷地觉得这是一场精彩的演讲。

7. 表演适度

演讲需要好的内容和声音表达，且要表演适度，过度的表演只会让听众看见你的演，而忘记你讲的是什么。刚开始学演讲的人应该打开心门，多加练习，以期达到收放自如，这才是最好的演讲。

小贴士

在实际演讲过程中，演讲者只有通过适当的表演才能将自己的感情更淋漓尽致地表达出来，让台下的听众全面、立体地接收演讲者所表达出来的信息，这本身已经超越了语言自身所能够带来的效果。

第15章
辅助——绿叶扶红花

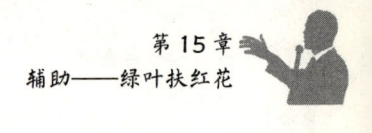

着装打扮，为演讲加分

在参加演讲前要进行一番打扮，但是打扮切忌千篇一律，一定要根据自己体态、个性爱好、年龄职业、风韵涵养演讲主题、演讲结构，使你显得得体、大方、和谐、新颖、独特。你甚至可以通过打扮告诉听众：这就是我，这才是我。有些演讲者对演讲的内容考虑细致，对演讲的技巧想得周到，但对打扮似乎并不在意，甚至蓬头垢面，给人一种数月不理发、几周不剃须之感。听众一下子就会联想到这位演讲者是生活拖沓懒散的人，进而对其演讲嗤之以鼻。

尼克松与肯尼迪竞选总统，就当时的政治影响来说，尼克松成功的可能性远远地超过肯尼迪，可是，投票结果却是肯尼迪胜利了。其中一个重要原因就是肯尼迪打扮得衣冠楚楚，精神饱满，气宇轩昂，改变了自己的形象；而尼克松由于患病初愈，面容憔悴，精神不振，打扮时衣服宽大，难以展现其魅力。

这充分说明了演讲者打扮得体的重要性。演讲是一门综合艺术，既要求演讲者有美的声音、美的结构，也要求有美的仪表。然而，有些演讲者在演讲时装束过于华丽，过于时髦，唯恐人们不去注意他，甚至不顾年龄、性格特征一味地追求"美化"，叫人难以接受。因为他一走上讲台就会在听众心目中形成很不好的印象，听众就会很自然地把他归入很差劲的演讲者之列，并且在心理上会对他生出厌恶之感。

1.服饰的颜色搭配

在现实生活中，衣饰色彩的选择一般是由自身的性格气质、生活经历、爱好兴趣决定的，没必要刻意地要求与规定。不同的色彩能使人们产生不同的联想，并产生不同的心理感受。演讲者要考虑根据演讲的内容、演讲的环境、演讲的时空等诸多因素来进行衣着、饰物方面的颜色搭配。

185

（1）了解颜色本身的含义。白色是纯真、洁净的象征，也能给人以恐怖、神圣的感觉；黑色是严肃、悲哀的象征，也能给人以文雅、庄重的感觉；紫色是高贵、威严的象征，也能给人以恬静、新鲜的感觉；红色是热情、喜庆的象征，也能给人以焦躁、危险的感觉；蓝色是智慧、宁静的象征，也能给人以寒冷、冷淡的感觉。

（2）颜色搭配。演讲时不宜以单色调打扮，而应在单一基色调基础上进行变化。配色时不要太杂，一般不超过三个颜色，不要用同比例搭配。服装配色的方法有：亲近色调和法与对比色调和法。

亲近色调和法：将颜色相似但深浅浓淡不同的颜色组合在一起。比如，深蓝色与浅蓝色，黄色与橙黄色，水蓝色与烟灰色等。

对比色调和法：以一色衬托另一色，互相陪衬，相映成趣。例如，黄色配紫色，樱桃色配天蓝色。

（3）演讲者的衣物配色要考虑到演讲场地的灯光颜色。在灯光下，所有的颜色都会带上若干黄色色调。黄色看起来几乎变为白色，橙黄色变成黄色，浅蓝色变绿色，深蓝色变黑色等。所以，如果演讲是在晚间进行，选择衣物时最好是在灯光下配色。

2. 合适的鞋子

在演讲者的穿着中，什么对自身的情绪影响最大？心理学家哈默生曾作过研究，鞋子对情绪的影响最大。如果穿一双陈旧的软底的鞋子会让你感到精神委靡，加深消极的情绪。而当你换上一双擦得油黑发亮的皮鞋，迈着大步上台演讲时，你将会信心百倍。

你在选择鞋子的时候，不宜只追求式样的摩登新潮，而是要适合自己的脚型与体型，还要考虑到整体的协调与演讲内容的限制。这就需要注意下面几个方面：

（1）脚型大的演讲者不宜穿白色的鞋子，白色有一种膨胀感，灯光一照

第15章
辅助——绿叶扶红花

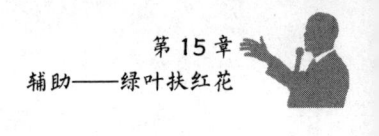

更是显眼；

（2）身材矮小型的女性不宜穿很高的高跟鞋；

（3）细高跟的凉鞋以白色为最好，白色与夏天服饰最易搭配；

（4）女士选用皮鞋跟不要太高，因为太高不利于运气发声；

（5）选用鞋子时还要注意袜子的搭配，穿裙子宜穿长筒裤袜和连衣裙袜并穿皮鞋，裤袜的色泽一般选用与肤色相同或稍淡些的；

（6）除了某些特制女士皮鞋外，最好不要穿钉有铁掌的皮鞋，以免上场时有刺激声而影响听众的情绪。

演讲时以穿皮鞋最为常见，无论是男士穿西装、夹克，还是女士穿裙子、休闲服都可穿皮鞋，演讲时穿皮鞋上场显得端庄、高雅、大方。穿皮鞋要注意与衣着颜色相配，要保证皮鞋的清亮。

小贴士

演讲者在演讲前，一定要认真琢磨如何把自己打扮得更好些。最基本的要求：面必净，发必理，衣必整，纽必结。头容正，肩容平，胸容宽，背容直。气象勿傲勿暴勿怠，颜色宜和宜静宜庄。另外，在穿衣、打扮上还要特别注意颜色、鞋子的搭配。

微笑，让听众感到舒心

有人说戴安娜是微笑的专家，她用微笑征服了全世界。现在我们应该清楚为什么她会受到全世界男女老少的喜爱，为什么有那么多不认识的人给她献花了。这么多年过去了，这个既不是政治家，又不是企业家，当然也不是艺术家的女人却被那么多的人缅怀着。如果你再仔细地观察戴安娜的照片，你会发现她的每一张照片都是在微笑：牙齿露出，嘴角成一道弧线。她的眼睛里充满了笑意，充满了善意，如果说微笑是全世界共同的语言，那在这里得到了进一步的验证。不需要任何人的翻译，不需要她开口，所有的人都懂得她在说什么。

其实，微笑不仅是一个人最好的名片，也能在某种程度上减少我们内心的紧张感。尤其是在当众说话的时候，如果你实在不知道说什么，那即便是一个微笑，也能够很好地让人们感受到你内心的阳光与温暖。

美国钢铁大王卡耐基说："微笑是一种神奇的电波，它会使别人在不知不觉中认可你。"

曾在一次盛大的宴会中，一位平日对卡耐基很有意见的商人当众抨击卡耐基，大家都尴尬地看着卡耐基，而卡耐基本人却安静地站在那里，脸上带着微笑，等那位商人与卡耐基对视的时候，他难堪地低下了头。卡耐基的脸上依然挂着笑容，他走上前去亲热地跟那位商人握手。

后来，那位商人成为了卡耐基的好朋友。

应付紧张感最好的办法就是微笑——放松你的下巴，抬起你的脸颊，张开你的嘴唇，向上翘起你的嘴角，用轻松的节奏对自己说"我很好"，这样会给人亲切的感觉，又给人你很有能力的感觉，好像你真的放松了下来。这样，你内心的紧张感就会慢慢消失，随之涌上来的是满足、轻松的心理状态。在如此积极的状态下，你当众说话时自然而然会发挥出应有的水平。

安安是一位爱笑的女孩子，难堪时微笑，紧张时也微笑，高兴时微笑，难过时也微笑。但就是这样一位喜欢微笑的女孩子，却天生胆子小，说话时声音像蚊子一样小，不了解她的人还以为是害羞，其实她就是这样。

大学毕业的论文答辩会上，安安不幸被抽中了，这将意味着她需要在几百人的大厅里当众说话。安安还是第一次遇到这样的场合，这该如何是好呢？安安害怕得快要哭了出来，论文指导老师知道了这事，安慰安安说："你知道你

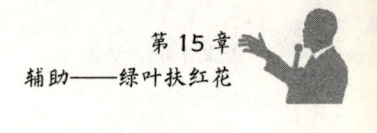

给人最大的印象是什么吗？"安安不解地摇摇头，老师说："你最大的特点就是微笑，而这正好是缓解你紧张感的秘诀，当你觉得很紧张、很害怕的时候，不妨微笑，不仅对着听众微笑，还需要对着自己微笑，告诉自己'放松点'，这样你就真的能放松下来。"安安若有所悟地点点头。

在论文答辩会上，安安始终保持脸上的微笑，每当不知道该怎么说的时候，每当紧张的时候。而当她微笑的时候，台下的老师和同学就会善意地看着她，不哄笑，也不窃窃私语，只是等着她继续说下去。最后，安安成功地完成了答辩。

因为微笑，安安不再紧张；因为微笑，她征服了所有的听众。雨果说："微笑是阳光，它能消除人们脸上的冬色。"对当众说话来说，微笑不仅能够缓解内心的紧张感，而且能化解观众内心对你的不解和抵触。微笑对观众的征服是自然而然的，既然它能兵不血刃地征服对手，那么更不用说征服你的听众了。

1. 对着镜子练习微笑

对着镜子练习微笑，你的眼睛可以看到标准的微笑形象，并在脑海中形成一个视觉的记忆。以后再微笑时，你的脑海中就会浮现出微笑的形象，从而帮助你加强记忆。

2. 每天多次练习微笑

有人说每天需要练习一百遍的微笑，因为微笑是一种肌肉记忆训练，那些不喜欢笑的人，并非他内心不开心，而是他的脸部肌肉长期不动，已经僵硬了。如果你每天练习得比较少，那就难以形成肌肉记忆。所以，我们要天天对着镜子练习，时间长了，微笑就会在不知不觉中长期保留在你的脸上了。

小贴士

紧张感能引起思维混乱，甚至大脑短路，一个人之所以会紧张，是因为尚未掌握正确的调节心理的方法，这时，他越是想镇静下来，越是变得更加紧张。其实你越是想控制紧张，它就越是会变成一种妖魔，反而会更加厉害。

练习，演讲技巧练出来

想熟练掌握当众演讲的技巧，这并不是一蹴而就的事情，而是需要循序渐进的。第一天你还没勇气当众演讲，隔了一个晚上就可以大胆说话，这是不可能的。即便没有这样夸张，短短几天的时间，你也是无法完全掌握演讲技巧的。有的人或许会认为参加口才培训班就可以在短时间内掌握要领——虽然你能从中学到一些知识，但真正让你当众说话，想必还是会有一些难度。

实际上，如果说想成为一个出色的演讲者就需要练习说话，很多人会认为这听起来有点荒谬。一个人呱呱坠地后，他所努力学习的第一件事就是说话、走路。从小就会的东西，还需要继续练习吗？尽管说话是一件再普通不过的事情，但在公共场合的讲话，却又明显地把人们的说话能力分为几个等级。在这里我们所说的说话练习，当然是指演讲。在生活中，你可以凭着自己的技巧，将演讲融入生活中去，让自己每时每刻都在作当众说话的练习。

在口才培训班，当导师说到"私下巧练法"时，邀请了班级里进步比较快的同学上台说说自己的经验。

小李的名字排在了第一个，只见她踏着轻松的步伐走向讲台，全然不像一个月之前那个胆怯的女孩子了。她很坦然地站在讲台上，微笑地看着大家，说道："其实，如果是一个月之前我站在这里，我必定是心跳气喘，但现在我镇定了。在一个月的学习里，我不仅课堂上在努力，私下也在练习。我练习的方法就是给同事们讲讲笑话、拉拉家常，融入同事们的闲聊中去。以前同事们扎堆说话，我从来不凑过去，虽然我也好奇他们在说什么，但我不善说话，即便凑过去了也只是听着他们说，偶尔心中会有想表达的念头，也被胆怯硬生生地压了下去。进入学习班后，我觉得有必要改变自己，那就从这些小事开始吧。当同事们在说话的时候，我也凑了过去，刚开始我只是附和几句'不错''挺好的'；后

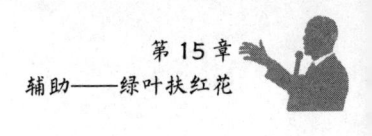

来我胆子大了一些，就开始表达自己内心的想法，'我觉得这事情吧，如何如何'，我的话多了起来，连在公司会议上我也可以大胆发表意见了。现在整个办公室都能经常听见我的说话声，为此我还被上司批评了几句呢！"台下的同学笑了起来，不过，他们也明白了原来办公室也是一个练习的好地方。

第二个上台的是比较木讷的张先生，他说："其实我的练习方法就是跟家里人聊天，过年过节家里都围聚了很多人，以前在这种场合，我是大气不敢出的人，但现在我也不怕了，当着众人的面说话，不管我说得怎么样，他们都在听我说，这让我觉得很享受。后来，我说话水平提升了，不仅敢于说话，而且说得还不错，亲戚纷纷夸我进步大呢！"

在案例中，两位参加口才培训班的代表讲述了自己私下巧练说话的技巧，这对我们也有一定的借鉴意义。看过这个案例你或许会发现，原来自己忽视了那么多练习的机会，可能当你想要说点什么，或者表达自己的观点时，那本身是一个不知不觉的过程，却逐渐成为了你巧练当众说话的途径之一。如果你能仔细深入地了解说话本身的含义，相信你还能找到更多的巧妙练习的方法。

如下是一些私下巧妙练习的办法，希望能够对你有所帮助。

1. "扎堆"说话

在办公室，或是在家里，甚至是在公交车上，我们经常看到有的人只是默默坐在旁边，听别人说话，他们无法融入大家说话的氛围之中。其实，在这种情况下，我们应当融入其中，扎堆说话。关于他们议论的话题，想必你也有自己的想法，为什么不大胆说出来呢？这就是你练习说话的一个最佳场所。

2. 假设场景练习

你可以假设场景进行练习，如到一个大厅或者一间教室，带着耳机，预演一遍，好像自己真的是在面对许多人讲话，努力让自己变得平静。如此多作练习，等到你真正当众说话时就不会那么恐惧了。

小贴士

在练习当众演讲的过程中，不仅需要掌握一些关键的技巧，更要注重平时的练习。而在平时的练习中，需要注重巧练，而不能蛮练。巧练，也就是用巧妙的方法练习，这样会让你在不知不觉中提高当众演讲的水平；蛮练，也就是没有任何技巧的练习，用如此的方法，即便是你努力了一个晚上，除了你的嗓子嘶哑以外，也收获不了任何东西。

第 16 章
常见演讲类型

演讲应该"因地制宜"，面对不同的场景，就应该有不同的讲话方式。比如欢迎会上的欢迎词、欢送会上的欢送词、获奖时的致辞、答谢致辞、开幕致辞以及联欢、婚礼、庆典、生日宴会上的致辞，都应该以情动人，只有真情才能使讲话具有亲和力和感染力。

致欢迎词

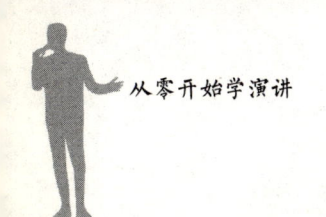

欢迎词是指在接待或招待客人的正式场合中，主人发表的表示欢迎之意的讲话。欢迎词一般是以口头形式在欢迎仪式现场上发表，有的也在公开发行的报刊上发表；一般是在较为庄重的公共事务中使用，有时也在举行较大的聚会、宴会、舞会、茶话会、讨论会等非官方的场合使用。

一、致辞方式

欢迎词是对宾客的到来表示热烈欢迎，作为一种致辞，它有自己的方式，一般来说，主要是包括下面三个部分。

1. 开头

先道称谓，然后表示欢迎和感谢等客套话。

2. 主体部分

讲明来宾来访的意义，或述说主客双方的关系，或主客双方合作的成果等。

3. 结尾

再次表示欢迎，或说一些表示祝愿和希望之类的话作总结。

二、表达技巧

欢迎词要礼貌、亲切，并且流露出真情实感，这种情感是发自内心的，是内心的自然流露。因此，在致欢迎词的时候，表情与言语要统一，不能虚假。即便与对方在原则、观点上存在着分歧，也要委婉含蓄，不能直来直去，恶语伤人。

三、举例示范

下面是周总理在欢迎尼泊尔首相比斯塔宴会上的讲话节录：

……

尼泊尔是一个具有悠久历史和古老文化的国家。尼泊尔人民是勤劳、勇敢的人民，有着反抗帝国主义侵略的光荣传统。尼泊尔王国政府和人民在比兰德拉国王陛下的领导下，坚持奉行前国王马亨德拉陛下制定的独立自主和和平中立的不结盟政策，顶住了外来压力，捍卫了民族独立和国家尊严。中国政府和中国人民对于尼泊尔这种不畏强暴，敢于斗争的精神表示十分钦佩和赞赏。尼泊尔王国政府和人民在发展民族经济和建设自己国家的事业中取得了显著成就，中国政府和中国人民对此感到由衷地高兴，并祝愿尼泊尔王国在前进的道路上不断取得新的胜利。

……

现在我提议，

为中尼两国人民的友谊和两国友好合作关系的不断巩固和发展，

为尼泊尔王国的繁荣昌盛和人民幸福，

为比兰德拉国王陛下的健康，

为比斯塔首相阁下和夫人的健康，

为尼泊尔贵宾们的健康，

为在座的各国使节和夫人们的健康，

为朋友们和同志们的健康，

干杯！

这则欢迎词表达了热情欢迎来宾的心情，措辞文雅，情感真切，并且主要针对尼泊尔这个国家和尼泊尔人民进行了赞赏，并寄予他们美好的祝愿，深切地表达了我国与尼泊尔两国的深厚友谊。语言洗练，情感庄重，结尾处，为尼

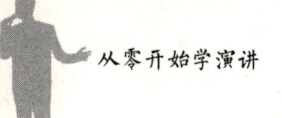

泊尔及其在座的贵宾们致祝酒词，把欢迎会的气氛推向了高潮。

致欢送词

宾客离去，学生毕业，会议闭幕，客人结束访问，单位某人因工作需要调离等，都要表示热烈欢送，照例要集会，进行送别仪式。欢送词是指在正式场合中主人发表的表示送别客人的致词，欢送词应热情、诚挚，以互相勉励为主。

欢送词要有一定的针对性，如果是以集体名义欢送的，要从"公事"出发，多谈一些"情感"；要有实质内容，既有礼节形式，又有事务内容；要态度严谨、感情真挚，表现依依惜别之情；要注意原则性和灵活性相结合，搁置分歧，突出收获，表现今后继续交流与合作的强烈愿望；具体讲述感人至深的典型事例，增强送别对象的同感；语言要生动、口语化，语气要热烈，并适时地运用幽默言辞，营造一种愉快、轻松、热烈的气氛。

一、致辞方式

欢送词则是对离去者表示热情欢送，它也有自身独特的方式。

1. 开头

先称呼被送人的名称，然后表示热情欢送。

2. 主体部分

讲清宾客来访期间所从事的工作、意义及主客双方合作的成绩。

3. 结尾

再次表示欢送，以希望、祝愿之类言语作结。

二、表达技巧

欢送词要简短、明快，不能言语拖沓，篇幅冗长；要礼貌、真诚，从开始

第 16 章
常见演讲类型

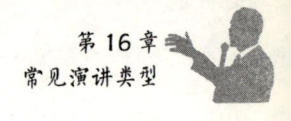

的称呼到结尾的祝福都要表现出尊敬和亲切的感情,切忌言语粗俗,表达冷漠;语言要生动,并且巧妙地运用幽默言辞,营造出一种愉快轻松的氛围。

三、举例示范

欢送毕业生

各位毕业的同学:

七月,是一个流光溢金,汗落如雨的季节;七月,也是一个箫声悲鸣,泪洒如雨的季节。而今天,更是一个特别的日子——欢送毕业同学的日子。今天我代表一二年级的全体同学发言欢送你们。我们的心情既酸楚又高兴,矛盾的心情几乎使我不能表达。

昨日识君,今日却别。依依之情使人不舍,却不能使时间老人驻足。我们想起我们刚入校时你们举行的欢迎大会。你们对我们关怀备至,体贴入微,从生活到学习事事关心。从你们身上,我们学到了好多让我们终生受用不尽的美德。你们在深夜灯光下的身影,让我们知道学问不是随便能掌握的,而是要通过勤奋努力才能获得的。雨天时,你们宁愿自己淋雨,也要把雨具让我们这些学弟学妹们,此举让我们明白:人活着不光是为自己。是你们让我们懂得了许多做人的道理。我们舍不得你们离去,没有你们做榜样,我们怕迷失自我。

但是,大鹏展翅才能扶摇九万里,才能击水三千。你们又怎能拘泥于此!你们今天带着泪水,带着眷恋,带着对老师、对朋友的依别之情离去,是为了获得更多的知识。你们的理想是宏伟的,你们绘的蓝图是壮丽的,你们的美德会助你们获得成功。你们勤奋努力的身影,会使你们学富五车、才高八斗;你们助人为乐的精神,将会使你们的友爱之花开遍各地。我相信,你们的成功,指日可待。因此我们高兴地欢送你们。有了你们的榜样作用,我们今后会如你们一样出色,为祖国的振兴和人民的幸福贡献自己的力量。

最后,让我们共同祝愿2000届毕业生在会后的求学中百尺竿头、更进一步,更上一层楼;祝你们今后事事顺心,万事如意;祝我们今天在会的所有朋友间的友谊长存。

这则欢送词从头到尾涌动着一股浓浓的离别之情、送行之意，动人心扉，而表达基调并不是消沉、灰暗的，它展现出一种催人奋进的热情。从这篇欢送词中，我们不难想象出当时讲话者语调的高低起伏，速度的急促徐缓，声音的饱含深情，音色的刚柔多姿，情感的跌宕起伏。

竞聘演说

竞聘演说即是为求得自己所求的岗位，重点突出自身的优势，以引起听众对自己的认同并希望最终竞聘成功的演说。

一、竞聘演说的特点

与一般的即兴演讲相比，竞聘演讲具有以下一些特点。

1. 目标的明确性

竞聘演说区别于其他演讲的主要特征是目标明确。演讲者上台后就要鲜明地亮出自己所要竞聘的目标岗位；另外，其选用的一切材料和运用的一切手法也都是为了一个目标，那就是使自己竞聘成功。

2. 内容的竞争性

竞聘演说与其他演讲的不同，还在于它的全过程都是听众在候选人之间进行比较、筛选的过程，如果竞聘者过于谦虚、不好意思说自己的长处，表示自己也是一般般，就不能战胜对手。因此演讲者必须"八仙过海，各显其能"，有时甚至还要把本来是"劣势"的方面换一个角度讲成"优势"。

一位工人在一次竞聘厂长的演讲中这样转化自我的"劣势"：

"我一没有党票，二没有金灿灿的大学文凭，三没有丰富的阅历，我只是

一个初涉人世的二十五岁的小伙子。你们有百分之百的理由怀疑我是否能担得起化肥厂厂长的重任。然而，同志们，朋友们，请你们仔细地想想，我们化肥厂长期处于瘫痪的状态，难道是因为历届的厂长没有党票、没有文凭、没有阅历吗？"

竞聘厂长时，年轻、学历低、非党员，对于竞聘人来讲都是不利的因素，但小伙子并没有回避自己的劣势，而是把大家内心的怀疑讲出来，通过一个有力的反问，很好地化解了人们心中的疑虑。

3. 主题的集中性

所谓主题的集中，是指所表达的意思单一，重点突出。这就是说，在表达意思时，必须突出一个重点，围绕一个中心，而不要搞多重点、多中心，不能企图在一篇演讲中解决和说明很多问题。一次校长竞聘演讲会上，一位竞聘人就由于谈得太面面俱到而让人产生了反感。他不仅详细介绍了自己大半生的经历，还罗列了与岗位目标关系不大的诸多事项。在谈及措施时，过于面面俱到，从学生学习、体育、德育到校办工厂，从教学到教工生活，他谈及的措施几乎是"全方位"的。其结果是"无中心"。另一位教师，就主要围绕"教学"这一学校的中心问题，来谈自己的竞聘目标和措施，获得了广大教师的认可。

4. 思路清晰

思路，就是演讲者的思维脉络；"程序"是指演讲中先讲什么后讲什么的顺序。竞聘演说不像一般演讲那么"自由"，它除了题目和称呼外，一般分为五步：

（1）开门见山讲自己所竞选的职务和竞选的缘由。

（2）简洁地介绍自己的情况，如年龄、政治面貌、学历、现任职务等一些自然情况。

（3）摆出自己优于他人的竞选条件，如政治素质、业务水平、工作能力等。

（4）提出假设自己任职后的施政措施，在谈到具体的实施措施时，可分条列项详细阐明，以保证听众能清晰把握竞聘者的施政特点，并尽快作出自己的判断。

（5）用最简洁的话语表明自己的决心和请求。

当然，以上几步也只是简单的模式，实践中演讲者还可根据实际需要稍加变化，无须一味作填表式演讲。

二、竞聘演说内容

在参加竞聘演说的时候，需要准备哪些内容呢？

1. 介绍自己应聘的基本条件

所谓基本条件就是政治素质、业务能力和工作态度等。同时，简要说明为什么要应聘、凭什么应聘等问题。竞聘者在介绍自己的情况时，一定要有针对性，即针对竞选的岗位来介绍自己的学历、经历、政治素质、业务能力、已有的政绩等。

2. 简要介绍自身的不足之处

竞选者在介绍自己应聘的基本条件时，要尽可能地展示自己的长处，但也不能对自身的不足之处闭口不言。

3. 表明自己任职后的打算

评选者更关心的还是竞聘者任职后的打算。因此，竞聘者在竞选演讲时，一定要用简明扼要的语言亮明自己的观点，也就是说，要紧紧围绕着听众关心的热点、难点问题，提出明确的工作目标和切实可行的措施。

4. 结尾

好的结束语能加深评选者对竞聘者的良好印象，从而有利于竞选成功。竞选演讲常见的结尾方法有：

（1）表明对竞选成败的态度。这种方法能使评选者感受到竞选者的坦诚。例如："作为这次竞选上岗的积极参与者，我希望在竞争中获得成功。但是，如果失败了我也不气馁。不管最后结果如何，我都将堂堂正正做人，兢兢业业做事。"

（2）表达自己对竞选上岗的信心。例如，"虽然我今天的演讲是毛遂自荐，但绝不是自卖自夸，我只是想向各位领导展示一个真实的我。我相信，凭着我的政治素质，我的爱岗敬业、脚踏实地的精神，我的管理经验，我一定能把副厂长的工作做好。如果各位有疑虑，那就请给我一个机会，我绝不会让大家失望。"

（3）希望得到评选者的支持。例如："各位领导、各位评委，请相信我，投我一票！我将是一位合格的……"

三、举例示范

科研室主任竞聘演说

各位领导、各位同志：

大家好！

参加竞聘之前，我一直在想：我应不应该参加这次竞聘？思索再三，我想，我愿意把这次竞聘当成争取多尽一份责任的机会，更愿意把这个竞聘过程当作我向各位老师学习、接受各位评判的一个难得的机会。因此，我是鼓着十二分的勇气，参加竞聘来了。

我知道，要成为一名合格的科研室干部不容易，要成为转型期的科研室干部更不容易。我之所以鼓起勇气参加科研室主任的竞聘，首先缘于我对教育科研事业的热爱和执着。我相信，一个人，只要他执着地爱自己的事业，他就一定能把他的事业做好。当然，也如各位所知，我也有过一些科研管理工作经历，积累了一些工作经验。有人说，经历是一笔财富，而我更愿意把自己的经历当作一种资源，一种在我今后的工作中可以利用、可以共享、可以整合的资源。

当然，我更清楚，成绩也好，经验也罢，它只能说明过去，并不能证明未来。

假如我能竞聘成功，我将努力扮演好以下几种角色：

一是以身作则，当好科研兴校的"领头雁"……

二是立足本职，当好领导决策的"参谋者"……

三是脚踏实地，当好教师科研的"服务员"……

四是与时俱进，当好学校科研的"管理员"……

五是甘为人梯，当好青年教师的"辅导员"……

说到这里，我想起了阿基米德的一句名言："给我一个支点，我可以撬起整个地球。"但在这里，我不敢高喊这类豪言壮语，我只想表达一个愿望，那就是：给我一个舞台，我会为学校的发展尽一份责任。（节选自广西吴言明的讲稿《演讲与口才》2004年第12期）

这篇竞聘演说，目的明确、主题鲜明、思路清晰，极具感染力和竞争力。

获奖致辞

生活中，我们经常参加各种评奖会、庆功会、表彰会等，而获奖致辞也是人们经常运用的一种发言方式。如何使获奖致辞获得成功呢？主要抓住以下五个方面。

1. 以获奖的内容来致辞

那些获奖者、受表彰者无一不是某一个方面、区域的佼佼者，而他们所从事的工作内容，是获奖者、受表彰者感受与体会最深切的。因此，以获奖的内容来作获奖时的致辞是比较恰当的，也是最得心应手的。

2. 真实情感，言简意赅

如果一个人能够获奖或受表彰，那么就直接体现了他的人生价值。当获奖或受表彰的那一刻，他会无比兴奋，激动的心情可想而知。因此，一些获奖者常常用简短的演讲来表达发自内心的情感。

1990年，上海"申达杯"旅游征文大赛在上海沪东工人文化宫颁奖，沈士彦获得了大赛的一等奖，他在致获奖辞的时候说：

我是一个幸运者。幸运之所以来临，我得感谢全体评委，是他们对我的厚爱；我得感谢指导我的老师，是他们培育了我；我得感谢我的妻子，是她全力支持了我。

沈士彦的获奖致辞，巧妙运用排比的修辞手法，言简意赅地表达了自己真挚的感情，对支持、关心、爱护他的人表示了感谢。

3. 热爱之情，执着追求

获奖、受表彰固然是成功的标志，但是，一个有远大抱负的人，将继续在自己从事的工作上不断奋进，攀登更高的山峰。因此，获奖致辞不妨也表达出对自己所从事的工作的热爱或追求。

4. 谦虚谨慎

当一个人成功以后，随之而来的就是赞美和鲜花。在这样的情况下，获奖者更要保持清醒的头脑，成绩只能说明过去，从这一刻起，一切从零开始。因此，在获奖致辞中表现出自谦的美德，可以使你的获奖发言增色生辉。

5. 满足听众要求

获奖者能够成功地摘得奖杯，往往是离不开听众的支持的。有的获奖者是听众投票产生的，所以获奖者在获奖致辞时面对的是自己的崇拜者、崇敬者。因此，获奖致辞应该与听众进行有益的交流，满足听众的要求。

举例范文

美籍华人教授丁肇中获颁诺贝尔物理学奖时致辞

国王、王后陛下，王族们，各位朋友：

得到诺贝尔奖，是一个科学家最大的荣誉。我是在旧中国长大的，因此，想借这个机会向发展中国家的青年们强调实验工作的重要性。

中国有句古话："劳心者治人，劳力者治于人。"这种落后的思想，对发展中国家的青年们有很大的害处。由于这种思想，很多发展中国家的学生都倾向于理论的研究，而避免实验工作。

事实上，自然科学理论不能离开实验的基础，特别是物理学，更是从实验中产生的。我希望由于我这次得奖，能够唤起发展中国家的学生们的兴趣，而注意实验工作的重要性。

丁肇中因发现了质量大、寿命长的 J 粒子而荣膺 1976 年诺贝尔物理学奖。在诺贝尔基金会等单位为获奖者举行的宴会上，按礼节，获奖者应致一个简短的答词。而按照惯例，答词以获奖者本国的语言进行。丁肇中这短短二百多字的演讲，铿锵有力，掷地有声。听着他的中国普通话，与会的人们因听不懂而纷纷交头接耳；当他用英语复述时，会场上的气氛平静下来，与会者有耳目一新之感。致辞完毕后，他们对丁肇中报以长时间的掌声。

节日致辞

演讲者在联欢、婚礼、庆典、生日等场合的讲话，也是礼仪致辞的一种，被称为祝贺词。说祝贺词时要语言表达自然，感情真挚，富有鼓舞性和亲切性。在这种大家欢聚一堂的气氛之中，语言要带有强烈的感情色彩，富有亲切性。

1. 致辞特点

与一般的即兴演讲及竞聘演讲相比，它具有以下这些特点：

（1）以情动人。这类礼仪致辞的主要功能是交流、增进人们的感情。所以，

只有真情才能使演讲具有亲和力和感染力。

在表演艺术家常香玉舞台生活50年庆祝会上，著名演员谢添，让被誉为"语言大师"的作家李准用三句话把常香玉说哭。

李准说了下面一段话：

"香玉啊，今天多好的日子——咱们能有今天也真不容易。论起来，您还是我的救命恩人呢！记得我10岁那年跟父母逃荒到西安，没吃没喝，眼看成群的难民快要饿死了，忽然听有人喊"大唱家常香玉放饭啦，河南人都去吃吧！"一下子涌上去许多人，我捧一大碗粥，眼泪吧嗒吧嗒流不停，想：日后若能见着恩人，我得给她磕头。哪想到，文化大革命您也挨整，那天，您押在大卡车戴高帽挂牌子游街，我站在街头看了，心在滴血啊——我真想喊：让我来换换她吧！她可是大好人啊……"李准还没说完，常香玉泪流满面。

李准把两个感人的情节片断连接在一起，用苦难时代中自己的亲身感受，突出自己对常香玉发自内心的感激之情，突出自己对常香玉的人品由衷的赞美之情，并表达了自己对常香玉蒙冤受屈时的不平之情和感恩之心，感染了常香玉。

（2）短小精悍。社交场合中的礼仪致辞切忌长篇大论，再美好的真情在喋喋不休中也会减弱它情感渲染的魅力，导致观众产生审美疲劳。

（3）协调气氛。致辞的内容要考虑交际目的和氛围，同时要切合自己的身份并注意与受词人的关系。身份、关系不同，内容、措辞也就不同。如婚礼致辞中单位领导在对新婚夫妇祝福时，应该注意使用适合自我身份的婚礼祝词，领导应该以新婚夫妇的人品、工作表现为基点表达祝福。

2. 致辞的基本要求

致辞有几点基本的要求要遵守：

（1）注重称呼语，祝福语连用

礼仪致辞首先要体现对他人的一种尊重，因此在称呼时要注重用"敬称"，祝福语可以连用，甚至可到不厌其烦的程度。

（2）热情诚恳，充满感染力

礼仪致辞一般都是在场面比较隆重、气氛比较活跃的场合使用，因此在致辞时一定要注意做到热情诚恳，充满感染力。

走过了夏天，迎来了秋天。在这秋风送爽的季节，我们盼望着，就像花蕾盼望绽放，就像孩子盼望过年，终于盼来了教师节。在这个让人仰慕的日子里，请允许我向全体老师表达我心中最最热诚的问候和祝愿——问候一声：辛勤培育我的老师们，你们辛苦了！祝愿一声：无悔奉献人生的老师们，你们节日好！

这篇《老师们，节日好》的致辞，情真意切，非常容易打动人。

（3）言简意赅、风格多样

礼仪致辞属于即兴演讲，因此时间不能过长，有时只需寥寥几句即可。而在不同场合中，致辞也应该有所不同。

朋友们，新郎的名字叫海泉，新娘的名字叫涛。"海""泉""涛"三个字都与水有关，所以我们可以说，两位新人的名字就蕴涵着一种缘分。这两个名字的结合，预示着他们的爱情，会像大海一样深厚与深沉；预示着他们的婚姻，会像泉水一样清澈与甘甜；预示着他们的家庭，会永远充满着生机与欢乐！

在婚礼上，我们可以像上述这样说得风趣典雅一些，在致辞中满载对新人的美好祈愿。

3. 不同致辞用不同的方式

祝贺词包括一般性祝词、纪念性祝词、日常性祝词和授奖词等。

一般性祝词如会议开幕、工程开工等，演讲时基本思路一般是：评价意义、希望顺利、成功。语言应热情有力，简洁明快。

纪念性祝词一般是为了祝贺或怀念某个有纪念意义的日子。演讲的思路为：回忆过去、立足现在，展望未来。

日常性祝词包括祝生日贺词、新婚贺词等。因场面热闹、随意，所以一般无固定格式，表达时注意言辞美，格调清新高雅，传达美好的祝愿和真挚的情感。

庆典的时候，致辞内容一般包括得奖的原因、事迹，然后表示钦佩、祝贺和祝愿。

开幕致辞

开幕致辞是指由组织召开会议的机关的主要领导在会议开幕时，向与会人员发表的讲话。开幕词是整个会议的序曲，推进和左右会议的进程。

1. 致辞方式

开幕致辞的主要方式包括：

（1）开头。开头部分包括对与会者的称呼，宣布会议开幕，介绍参加会议人员，并交代会议的筹备情况。

（2）主体。说明会议召开的时代背景、历史环境；交代会议的议题和议程；提出与会议相关的要求；阐述会议的指导思想，提出以后的方针、路线和任务。主体部分篇幅较长，容量大，需要整体考虑，统筹安排。

（3）结尾。向与会者发出号召，提出新的希望和要求，并祝愿大会成功召开。

2. 表达技巧

开幕致辞往往定下了整个会议、活动的基调，所以，在语言表达时要根据会议主题营造与其相适应的气氛。语言力求简洁明快，亲切热情。

3. 举例示范

下面是一位领导在"中国国际××展览会"开幕式上的讲话节录。

女士们、先生们、同志们：

早上好！由新加坡××有限公司主办，中国××协会与我分会所属的××××公司承办的"中国国际××展览会"今天在这里开幕了。我谨代表中国国际贸易促进委员会××市分会、中国国际商会××分会表示热烈祝贺！向前来参展的西班牙、比利时、中国台湾盛香港地区以及我国各省的中外厂商表示热烈的欢迎！

本届展览会将集中展示具有国际水准的各类××产品及生产设备，为来自全国各地的科技人员提供一次不出国的学习机会；同时，也为海内外同行共同切磋技艺创造了条件。

朋友们、同志们，××市是中国最重要的工业基地之一，作为长江流域乃至全国对外开放的重要窗口，将实行全方位的开放。我国政府已将××的开发、开放列为中国今后10年发展的重点，××大桥的正式通车，将标志着××新区的开发已经进入实质性的启动阶段。××市将进一步改善投资环境，扩大与各国各地区的合作领域。我真诚地欢迎各位展商到××的开发区和××新区参观，寻求贸易和投资机会，寻找合作伙伴。作为××市的对外商会——中国国际贸易促进会××市分会将为各位朋友提供卓有成效的服务。

最后，预祝"中国国际××展览会"圆满成功！感谢大家！

这篇演讲分为四层意思，一是祝贺展览会的举办，二是简述展览会主要展示的物品，三是介绍举办展览会的城市情况，四是希望本次展览会能够圆满成功。层次分明，结构严谨，思路清晰，语言简洁而充实，既体现了观点，又表达了要求，态度明确，观点鲜明，对展览会的举办有明显的导向作用。

答谢致辞

答谢致辞是对别人的欢迎、关怀、送别等表示感谢。答谢词是指特定的公共礼仪场合，主人致欢迎词或欢送词后，客人所发表的对主人的热情接待和诸多关照表示谢意的讲话。答谢词也指客人在举行必要的答谢活动中所发表的感谢主人的盛情款待的讲话。

一、致辞方式

自古以来，人们就提倡"礼尚往来""来而无往非礼也"，于是在人际交往中便有了"谢"的言行：或揖拳，或鞠躬，或以言辞道谢，或以纸笔写成谢函、谢帖、感谢信……倘若在庄重的礼仪场合，那便要温文尔雅地致"答谢词"了，而答谢词有它独特的方式。

1. 开头：讲明致辞的缘由和基础；

2. 主体部分：选取最有说明性、说服力、充分表达情感的具体细节，进行有感受、有分析、有认识的表述，集中全面表达友好的致谢；

3. 结尾部分：概括、总结主体部分并再次表达真诚的谢意。

二、基本类型

依据不同的致谢缘由和致谢内容，答谢词可划分为两个基本类型：

1. "谢遇型"

"谢遇型"答谢词，即用来答谢别人的招待的致辞，它常用于宾主之间，既可用于欢迎仪式、会见仪式上与"欢迎词"相应，也可用于欢送仪式、告别仪式上与"欢送词"相应。

2. "谢恩型"

"谢恩型"答谢词，即用来答谢别人的帮助的致辞。它常用于捐赠仪式或某些送别仪式上。

三、表达要求

1.感情要真挚、坦诚而热烈

既然要"答谢",就应该动真情、吐真言,这样才能表现自己的真挚、坦诚;如果你虚情假意、言不由衷或矫揉造作,只能引来对方的反感。其实"答谢"的本身,就是一种"言情"方式,就应热烈奔放、热情洋溢,给人以如沐春风的温煦感;那种薄情寡义、冷冰冰、干巴巴、硬邦邦的致辞是不被听众所认同的。

2.评价要适度,要恰如其分

一般来说,对于对方的行动,"谢遇型"致辞不宜于妄加评论、说三道四;而"谢恩型"致辞则可以对对方的精神或风格作出评价,但要适度,要恰如其分,不可故意拔高,以免造成"虚情假意"之嫌。

3.语言要精练

礼仪"仪式"毕竟不是开大会,答谢致辞一般应尽量简短些,决不可像某些领导的会议报告那么冗长。作为"答谢词",全文约有千字即可。

四、举例示范

下面是尼克松总统在 1972 年访华时对周恩来总理讲话的答谢词:

总理先生,我要感谢您作的如此盛情和意味深长的讲话。此时此刻,通过电讯的奇迹,在观看、在聆听我们的讲话的人数是空前的。也许,我们在这里的讲学不会长留于人们的心中,但我们在这里所做的事却能改变世界。

正如您在祝酒词中所说的,中国人民是伟大的人民,美国人民是伟大的人民。如果我们两国互相敌视,那么我们共同拥有的这个世界的前途就会黯淡无光。但是,如果我们能找到相互合作的共同立场,那么实现和平的机会就将无法估量地大大增加。

我们将给我们的孩子留下什么遗产呢?他们注定是要因为那些曾祸患旧世界的仇恨而死亡呢,还是因为我们缔造一个新世界的远见而活下去呢?

我们没有要成为敌人的理由。无论我们哪一方都不企图侵占对方的领土;

无论我们哪一方都不企图控制对方；无论我们哪一方都不企图伸手去主宰这个世界。

毛主席写过：多少事，从来急；天地转，光阴迫。一万年太久，只争朝夕。

现在正是只争朝夕的时候了，是我们两国人民去攀登伟大事业的高峰，缔造一个新的、更美好的世界的时候了。

本着这种精神，我请求诸位同我一起举杯，为毛主席，为周总理，为能为全世界人民带来友谊与和平的中美两国人民之间的友谊，干杯！

这则答谢词篇幅短小，却饱含谦虚与赞美之情，文辞简洁，情感含蓄，观点鲜明，既肯定了两国人民的友好情谊，也表明了对世界和平的基本立场，可以算得上是答谢词中的经典之作。

酒会致辞

很多人由于日常的工作不得不出席一些酒会，而酒会中的"酒文化"是一个既古老而又新鲜的话题。酒对于人们的交际往来，已经越来越重要了。的确，酒作为一种交际媒介，在迎宾送客，朋友聚会，彼此沟通等各种场合，都发挥了独到的作用。所以，我们要懂得酒桌上的说话奥妙。

1. 主题明确，把握大局

一般来说，大多数的酒会都有一个明确的主题，而不是单纯地为了喝酒而喝酒。我们在出席酒会的时候，应该注意酒席上各位的神态表情，要分清主次，弄清楚喝酒的目的。不能为了喝酒而失去了结交朋友的机会。

2. 一起同乐，切忌私语

大多数酒会来宾都比较多，而你在交谈时应尽量多谈论一些大部分人能够参与的话题，以得到多数人的赞同。不能因为个人的兴趣爱好，就选择一些太偏的话题，这样会造成唯我独尊，甚至跑题的现象，而忽略了众人。特别是尽量不要与身边的人交头接耳，小声私语，给别人一种神秘感，这样会影响喝酒的效果。

3. 语言得当，幽默诙谐

你在酒桌上的话，往往能够显示出你的才华、学识、修养和交际风度。而有时候，你一句幽默诙谐的语言，就会给在场的听众留下极为深刻的印象，使人对你产生好感。因此，我们应该知道在酒桌上什么时候该说什么话，如何做到语言得当；同时，适当的诙谐幽默会为你提高不少人气。

4. 劝酒适当，不要强求

人们常说"以酒论英雄"，我们在酒会上经常会遇到劝酒的情况，这对于酒量大的人来说还可以，酒量小的人可就犯难了。很多人总是喜欢把酒会当战场，想法设法劝别人多喝几杯，认为如果喝不到量就显得没有诚意。其实很多时候，你过分地劝酒，会将原来的朋友感情完全破坏。所以，在酒会上，劝酒要适度，切莫强求。

5. 敬酒要有顺序

在酒会上，敬酒也是一门学问。一般情况下敬酒应该以年龄大小、职位高低、宾主身份为顺序，你在敬酒之前一定要充分考虑好敬酒的顺序，分明主次。即便是在酒会上碰到不熟悉的人，也要通过旁边的人打听一下对方的身份或者是留意别人如何称呼他，这样可以避免出现尴尬的场面或者伤害对方的感情。

6. 锋芒渐射，稳坐泰山

参加酒会要看清场合，正确认识自己的实力，不能太冲动，尽量保留一些酒力和说话的分寸。既不能让别人小看自己又不要过分地表露自己，只有选择合适的机会，逐渐释放自己的锋芒，才能稳坐泰山。

在酒会上，通常会有祝酒词。2003 年 8 月 27 日，中国外交部长李肇星在

钓鱼合国宾馆举行晚宴，欢迎参加朝核问题北京六方会谈的各国代表。李肇星部长致祝酒词：

各位团长、朋友们：

我代表中国政府，欢迎各位来北京参加六方会谈，祝贺会谈的举行。

钓鱼台曾是中国清朝一位年轻皇帝送给他一位老师的礼物，是一个充满善意和可能给这里的人带来好运气的地方。

身处此地，一种历史感会油然而生。

这座花园目睹过许多重大外交事件。在这里，通过对话，冰山可以消融，敌意可以化解，信任可以培育。钓鱼台历史的最好启迪就是：和平最可贵，通过对话争取和维护和平最可贵。进入新世纪，各国人民更加渴望和平与发展、友谊与合作。但东北亚地区仍未完全摆脱冷战阴影。

朝鲜半岛核问题的发生，在使我们面临挑战的同时，也为有关各方尽释前嫌、实现东北亚持久和平与稳定提供了机遇。

今天的会谈就是各方求同存异、增进互信和和解的难得契机，值得珍惜。

中国古诗曰："任凭风浪起，稳坐钓鱼台。"这里的钓鱼台泛指世界各国的钓鱼台，也包括我们所在的这个钓鱼台。希望并相信各位同仁将以自己的远见、智慧、耐心、勇气和对和平事业的诚意寻求共赢。为此，我提议，为北京六方会谈成功，为大家在钓鱼台"稳坐"愉快，为和平、健康干杯！

这篇祝酒词，语气平易，联想巧妙，引喻贴切。李肇星由中国尽人皆知的古诗"任凭风浪起，稳坐钓鱼台"，说到东道主的希望，并在结尾提议："为北京六方会谈成功，为大家在钓鱼台'稳坐'愉快，为和平、健康干杯。"这里的"稳坐"一语双关，既是对会谈进行状况的期望，也是对会谈结果的良好祝愿。

参考文献

[1] 戴尔·卡耐基. 卡耐基魅力口才与演讲的艺术 [M]. 北京：中国华侨出版社，2011.

[2] 彼得·迈尔斯，尚恩·尼克斯. 高效演讲：斯坦福最受欢迎的沟通课 [M]. 长春：吉林出版集团有限责任公司，2013.

[3] 许峥. 跟 TED 学演讲 [M]. 北京：中国法制出版社，2015.

[4] 龙小语. 从零开始学演讲 [M]. 上海：立信会计出版社，2015.